DIE FAST FOOD-FALLE

CPI
Mehr Bäume.
Weniger CO_2.
www.cpi-print.de/umwelt

FSC
www.fsc.org
MIX
Papier aus verantwortungsvollen Quellen
FSC® C083411

Harald Sükar:
Die Fast Food-Falle

www.edition-a.at

Cover und Gestaltung: Isabella Starowicz
Satz: Lucas Reisigl

Gesetzt in der Premiera
Gedruckt in Deutschland

1 2 3 4 5 — 22 21 20 19

ISBN 978-3-99001-343-4

Harald Sükar

Die FAST FOOD FALLE

Wie McDonald's und Co. auf Kosten unserer Gesundheit Milliarden verdienen

edition a

Inhalt

»Fast Food ist Kindesmisshandlung«

Harte Worte. Zu hart für den Beginn. Oder doch nicht? Was meinen Sie?

Vor einigen Jahren noch, als ich einer der Motoren dieser bis aufs kleinste Zahnrad harmonisch abgestimmten und perfekt geschmierten Maschinerie war – als ich Teil der großen Familie war – als ich Tag für Tag den Spirit atmete, wäre dieser Satz wahrscheinlich nicht zu mir durchgedrungen.

Ich hätte ihn nicht an mich herangelassen und stattdessen einfach ignoriert. Da hinein, dort heraus und ohne die Botschaft überhaupt wahrzunehmen. Sie wäre zerschellt wie sprödes Glas an einer Wand aus Granit.

Fast Food auf einer Stufe mit Kindesmisshandlung? Was soll das?

Und wenn doch? Was, wenn mich der Satz völlig unvorbereitet getroffen und letztlich doch erreicht hätte? Durch einen Freund womöglich, beim Abendessen bei meinem Lieblings-Italiener? Oder bei mir zuhause, durch meine Familie?

Wenn das jemand in meiner Gegenwart behauptet hätte, es hätte mich empört. Ich hätte das mit aller Entschiedenheit zurückgewiesen.

Noch im selben Atemzug hätte ich die vielen Argumente pro Fast Food hergebetet. Nicht als auswendig gelernte Phrasen, sondern mit echten Gründen unterlegt. Nachvollziehbar und vernünftig. Weil doch so vieles dafür spricht:

- Fast Food geht schnell: Es macht seinem Namen alle Ehre. Blitzartig hast du, fein verpackt in Papier oder Karton oder meinetwegen auch in Kunststoff, eine warme Mahlzeit, die dich für die nächsten Stunden satt macht. Kein mühevolles Kochen, kein lästiges Warten auf überlastetes, darum meist unfreundliches Servierpersonal. Stattdessen ein komplettes Menü, bestellt und verzehrt in weniger als zwanzig Minuten.
- Fast Food ist immer und überall: auf Bahnhöfen, entlang der Autobahn, auf Shopping-Tour. Wo immer du hinblickst, wo immer du vorbeikommst, dein Essen ist schon da.
- Bei Fast Food weißt du, was du kriegst: Es gibt keine unliebsamen Überraschungen. Die Konzerne wollen keine Negativ-Schlagzeilen. Also sorgen sie vor. Sie setzen auf Kontrolle. Sie optimieren ihre Lieferketten. Sie schaffen Standards in der Produktion. Sie legen sich selbst strenge Hygienevorschriften auf. Allergiker kommen auch auf ihre Rechnung. Es ist Verlass darauf, dass immer genau das drin ist, was draufsteht. Von Abu Dhabi über Krems bis Zürich gilt: Ein Big Mac ist ein Big Mac.
- Der Fast-Food-Geschmack: Die Rezepturen sind perfekt. Sie sind ideal an den Geschmack der Massen angepasst. Oder der Geschmack der Massen an die Rezepturen? Egal. Nichts geht über eins dieser leicht fettigen Menüs mit Burger und Pommes. Schon gar nicht nach dem dritten Bier. Sieh dir bloß die Menschenschlangen zu nächtlicher Stunde an den Schaltern an. Die sind Beweis genug. Und natürlich das Hauptargument:

- Alle Kinder lieben Fast Food: Es gibt nicht einen vernünftigen Grund, seinem Kind nicht ab und zu ein Happy Meal zu kaufen. Die Kinder sind satt und zum Spielen haben sie auch etwas. Es ist wie bei einem Familienurlaub: Wir Erwachsenen können erst dann eine gute Zeit verbringen und glücklich sein, wenn die Kinder es auch sind.

Selbst um drei Uhr nachts hätte das reibungslos funktioniert, hätte mich jemand aus den Federn gerissen und danach befragt. Dazu die Vielzahl weiterer verinnerlichter Begründungen, die so eine unverschämte Behauptung mit einem Schlag entkräftet hätten.

Fast Food und Kindesmisshandlung?

Auch ich habe, wie alle anderen im Team, die Pro-Argumente geatmet. Pur und unverfälscht. Mit der allergrößten Selbstverständlichkeit. Ganz automatisch. So wie unsere Lungen sich ihren Sauerstoff holen, ohne bei jedem Zug groß über den nächsten nachzudenken.

Natürlich waren mir die Argumente gegen Fast Food ebenso vertraut. Aber taten wir nicht Tag für Tag unermüdlich alles, um sie zu entkräften? Fast Food ist zu fettig und macht krank? Wer sagt das? Ich kann dir hundert Studien zeigen, die das widerlegen. Die Umwelt? Das Fleisch? Der Klimawandel? Der viele Müll? Wir tun etwas dagegen. Wir präsentieren dir gerne unser neues Recycling-Konzept. Schau auf die Homepage. Bald ist es soweit. 2025 schon werden wir jede Verpackung wiederverwerten. Im Nachhaltigkeitsreport kannst du alles darüber lesen.

Andererseits wusste ich schon auch, dass Burger, Pommes, Softdrinks und Co. dick machen. Logisch. Wer weiß das denn nicht?

Nein, falsch. Mir war klar, dass Burger, Pommes, Softdrinks und Co. dick machen können. Im Fall des Falles. Bei zügellosem Konsum. Weil bekanntlich die Dosis das Gift macht. Weil wir da nur allzu rasch bei der Eigenverantwortung des Einzelnen angelangt sind. Immerhin unternahm mein einstmaliger Arbeitgeber (und tut es heute noch mit derselben Unverdrossenheit wie einst) allerhand, um genau diese Verantwortung genau dort zu parken, wo sie angeblich hingehört: beim Konsumenten. Bei jedem einzelnen.

Das geschieht auf eine ganz eigene Weise. Mit ganz eigenen Begründungen. Die Strategie der gesamten Branche ist seit jeher so einfach wie effizient. Sie stellt der Fehlbarkeit des Kunden die Perfektion des Systems entgegen, indem sie sagt:

Mensch, du bist schwach und disziplinlos. Faul und träge. Aber dafür hast du uns. Deine Fast-Food-Freunde. Deine Familie. Wir helfen dir. Wir liefern dir perfekte Nahrung. Zugleich zeigen wir dir den Weg aus der Falle, die du dir selbst gestellt hast, wenn du womöglich doch ein bisschen zu viel davon erwischst. Gerne schlüpfen wir auch für dich in ein grünes Mäntelchen. So oder so, wir sorgen dafür, dass du gesünder lebst. Wir übernehmen Verantwortung, nicht bloß für dich, nein, für die Gesellschaft. Und wenn es sein muss, oder einfach fein ins Konzept passt, werden wir auch karitativ.

Frei nach dem Motto:

Tue Gutes und sprich darüber.
So laut, dass es alle Welt hört.

Selbst wenn es bloß scheinbar Gutes ist. Obwohl – ist es nicht wunderbar, Kindern in Not zu helfen? Wer könnte da schon groß dagegen sein? Was ist schlecht daran, Stiftungen zu gründen, eigene Kinderhäuser mitunter, um einer kleinen Minderheit Bedürftiger ein besseres Leben zu ermöglichen? Vordergründig nichts. Beim zweiten Hinsehen aber drängt sich dieser Gedanke auf: Geschieht diese medienwirksame Wohltätigkeit nicht ausschließlich mit Geld, das zuvor auf dem Rücken von Millionen anderer Kinder verdient worden ist? Kinder, die mit wohl kalkuliertem System von den eigenen Produkten abhängig gemacht worden sind?

Oft konnte ich es nicht glauben, wie leicht manche Medienvertreter zufriedenzustellen sind mit den Brocken, die du ihnen hinwirfst. Und wie zahnlos und gefällig ihre Berichte waren. Natürlich, es gibt ja auch gemeinsame Interessen. Wenn der eine beispielsweise ein sehr guter Inseratenkunde ist und damit Arbeitsplätze des anderen sichert. Aber oft genug ist es einfach nur die Frage, was in den Häppchen drin ist, die du servierst. Die Portionsgröße der Information macht es ebenfalls aus.

Dazu diese Analogie: Will ich als Verkäufer eine sehr große, sehr teure Maschine an den Mann bringen, zerlege ich die Gesamtsumme am besten in Kleinstbeträge. Will ich es umgekehrt machen, wandle ich den kleinsten Vorteil einer in Summe vielleicht nicht so vorteilhaften Gesamtthematik in einen riesengroßen Profit um. Alles eine Frage von Umrechnung und Darstellung. Vor allem der Öffentlichkeit gegenüber. Das funktioniert prächtig. Ich werde Ihnen davon erzählen.

Doch was in der Fast-Food-Welt zählt, ist vor allem dies: gelebtes Selbstverständnis. Die Linie lautet: Was wir tun, hat nicht das Geringste mit systematischem Abhängigmachen zu tun, ohne dass die hochentwickelte Spezies Mensch es bemerkt. Auch nicht mit raffinierter, unterschwelliger Beeinflussung durch Logos, Gratis-Gimmicks und Spielplätze. Wie soll das überhaupt gehen?

Brainwashing?

Niemals. Was wir bis zur Perfektion betreiben, nennt sich Marketing.

Von wegen Fast Food und Kindesmisshandlung also. Wenn schon Misshandlung, dann die, die ihr Menschen an euch selbst betreibt. Aus freier Entscheidung heraus. Ihr Menschen da draußen seid schuld, wenn ihr fett und träge werdet. Niemand sonst. Bewegt euch mehr! Dann könnt ihr in unsere Restaurants kommen und schlemmen, so oft ihr wollt, so viel ihr wollt, und doch bleibt ihr rank und schlank. Mehr Sport, Leute. So einfach ist das. Runter von der Couch. Auf diese Weise könnt ihr jede Art von Nahrung wieder kompensieren. Wer das Gegenteil behauptet und mit irgendwelchen brandneuen, gekauften Studien daherkommt, ist ein Lügner.

Richtig?

Richtig. So habe auch ich das über all die Jahre gesehen. Den vielleicht einzigen, ein klein wenig schalen Beigeschmack, den ich damals schon empfand, war der: Fuhr ich nach einem Besuch beim Drive-In in Salzburg auf die Autobahn nach Linz, so plagte mich am Ende dieser gut 120 Kilometer meist schon wieder ein leichtes Hungergefühl. Auf gesunde Weise anhaltend sättigende und zugleich nährstoffreiche Nahrung schien eben doch anders auszusehen. Damit wackelte eines meiner Pro-Fast-Food-Argumente ein klein wenig.

Doch dann sagte ich mir: Liegt nicht auch genau darin eines der vielen Erfolgsrezepte? Die Menschen sind verrückt nach dem Zeug und süchtig danach, auch deshalb, weil das Sättigungsgefühl nicht allzu lange anhält. Und, dass sie gerade deshalb

a) bald schon wiederkommen und
b) beim nächsten Mal noch mehr konsumieren?

Heute ist meine Welt eine grundlegend andere. Heute kann ich gar nicht mehr anders, als im Kopf mitzurechnen bei Gedanken wie diesem: Mein Kind isst einen Big Mac samt Pommes mittlerer Größe und schlürft dazu ein Cola (0,4 Liter). Dann spendiere ich ihm hinterher noch einen kleinen Eisbecher, den McSundae Crunchy Deluxe zum Beispiel, der mit der verführerisch süßen Erdbeersauce. Wieviel puren Zucker hat mein Sohn, meine Tochter, mein Enkelkind dann zu sich genommen?

Sie könnten nun an dieser Stelle kurz anhalten, auf die Homepage von *McDonald's* gehen und es sich mühevoll zusammensuchen. Vorausgesetzt, Sie wissen wo. Transparenz muss man sich oft nämlich erst selbst erarbeiten. Apropos Transparenz: Ich habe dazu, als Kunde getarnt, einen kleinen Selbstversuch gestartet, den ich Ihnen später nicht vorenthalten möchte. Aber bleiben wir noch bei dem erwähnten Menü und dem Zucker. Wie viele Gramm sind es? Ich erspare Ihnen die Suche. Es sind 119 Gramm. Das Ketchup nicht eingerechnet. Da müssten wir pro Esslöffel Zucker noch ein Stück Würfelzucker obendrauf legen.

Für ein gesundes Aufwachsen empfiehlt die Weltgesundheitsorganisation WHO bei Kindern und Jugendlichen im Alter von zwei bis achtzehn Jahren einen maximalen Zucker-Tagesverbrauch von 25 Gramm. Das sind circa sechs Teelöffel. Je nachdem, wie groß Ihre Teelöffel sind.

Besser wären achtzehn Gramm pro Kind und Tag (bei uns Erwachsenen nicht mehr als fünfzig).

Aber, seien wir nicht kleinlich. Bleiben wir bei der gerade noch vernünftigen, tolerierbaren Obergrenze von 25 Gramm. Mit dem einmaligen Genuss von Big Mac, Cola, Pommes und Eisbecher hat mein Kind fast den Zuckerbedarf von fünf Tagen abgedeckt. Einer Schulwoche. In der strengeren Variante mit 18 Gramm kämen wir sogar auf eine ganze Kalenderwoche minus einen halben Tag.

Zuckerbedarf von Montag bis Sonntag? Ab zu *McDonald's*. Erledigt. Mit einem Streich.

Jetzt können Sie natürlich mit Recht einwenden: Welches Kind (vor allem der jüngeren) schafft schon einen Big Mac und Pommes und Cola und ein Eis obendrein? Also gut. Ersetzen wir den Big Mac gegen etwas Kleineres. Handlicheres. Für den Kindermagen Glaubhafteres.

Wie wäre es mit einem der Klassiker? Einem Hamburger? Oder gleich die beliebten Chicken McNuggets? Eine Sechser-Packung?

Die Sache ist die: Es spielt keine Rolle, ob Burger oder paniertes Hühnermischmasch. In punkto Zucker zumindest. Die Ersparnis bei einem Wechsel von Big Mac zu den McNuggets fällt kaum ins Gewicht. Der Big Mac bringt es auf gerade mal 8,5 Gramm Zucker pro Portion. Im Verhältnis zur Gesamtmenge des Menüs sind das Peanuts. Die McNuggets haben so gut wie keinen Zucker. 0,4 Gramm. Wirklich vernachlässigbar.

Die Ersparnis beim Tausch wäre demnach überschaubar. Den wahren Zuckerschock bescheren ohnedies Softdrink und Eis. Das Eis allein bringt es auf 65 Gramm, die etwa dreifache Menge des Tagesbedarfs. Eine Heiligsprechung für Burger und Pommes ist das aber noch lange nicht. Die haben es auf anderer Ebene gehörig in sich. Oder eben nicht in sich. Sie werden schon sehen. Weil der Zucker ja nur das eine ist. Da sind die Fette, die Salze, die Konservierungsstoffe. Und anderes.

Fakt ist auch: Es tut überhaupt nichts zur Sache, bei wem mein Kind, Enkelkind, irgendein Kind (oder ich selbst?) sich die Überdosis einfängt. *McDonald's, Burger King, Kentucky Fried Chicken, Taco Bell, Nordsee* und wie sie alle heißen mögen. *Edeka* etwa. Oder die Restaurants der Möbelketten mit ihren unschlagbaren Fünf-Euro-Mittagsmenüs.

Völlig egal. Sie alle sind Big Player der sogenannten System-Gastronomie. Sie alle spielen in punkto Gesundheit beziehungsweise ihrer Verhinderung, mehr noch, ihrer gezielten Zerstörung in derselben Oberliga.

Gezielte Zerstörung von Gesundheit? Wem soll das nützen?

Um nur die Wichtigsten zu nennen: Da wäre die industrielle Landwirtschaft. Da wäre die Chemieindustrie, die das Ausbeuten der Natur durch die industrielle Landwirtschaft in diesem gigantischen Ausmaß erst ermöglicht. Da wäre die Zuckerindustrie. Da wäre die Fast-Food-Industrie an sich mit all ihren Zulieferern. Und da wäre die Pharmaindustrie, um die angerichteten Schäden an den Menschen so weit wie möglich wieder zu beheben. Eine nahtlose Kette, wo einer dem anderen das Staffelholz weiterreicht.

Anders gesagt: Auf der einen Seite stehen die zig Millionen Geschädigten in aller Welt. Auf der anderen eine Handvoll Konzernbosse und Shareholder mit goldenen Nasen. Das hat nichts mit der x-ten Auflage irgendeiner Verschwörungstheorie zu tun.

Es ist, wie es ist.

Die Resultate sind so allgegenwärtig wie sichtbar. In Schnell-Imbiss-Lokalen. Draußen auf der Straße. In Schulen und Kindergärten. In Büros. In Krankenhäusern. Auf Friedhöfen. Sie begegnen uns überall, ob wir es wahrhaben wollen oder nicht, es sei denn, wir gehen mit geschlossenen Augen durchs Leben.

McDonald's habe ich übrigens bloß herausgepickt, weil der US-Fast-Food-Gigant so ungeheuer marktbeherrschend ist. Nach wie vor, insbesondere hier in Europa. Und weil ich ein gewisses Naheverhältnis zu dem großen, gelben M habe. Oder sagen wir lieber, hatte. Ansonsten ist *McDonald's* nur beispielgebend. Einer von vielen, der kräftig am Kuchen nascht.

Sehen wir uns das Eingangszitat erneut an. Klingt es immer noch so unversöhnlich und hart?

Fast Food ist Kindesmisshandlung.

Geprägt hat diesen Ausspruch Christopher J.T.H. Brewis. Brite, Politiker und Stadtrat in Lincolnshire, der zweitgrößten Grafschaft Englands. Er sagte ihn vor wenigen Jahren in einem Interview mit dem öffentlich-rechtlichen Sender BBC Radio.

Ein Satz, der Wellen geschlagen hat und seither viele Male wiederholt worden ist. Natürlich weiß ein erfahrener Mann wie Brewis, dass Reporter auf so markige Sprüche nur warten. Dass der Redakteur im Studio in der Sekunde nachhaken würde. Bei dieser Attacke, diesem Rundumschlag. Immerhin hatte er Fast Food (genauer gesagt: das System Fast Food, das den globalen, massenhaften Verzehr mit Mitteln, und seien sie noch so perfide, auf die Spitze treibt) mit einem Kapitalverbrechen gleichgestellt: Kindesmisshandlung. Ein Delikt, für das selbst das Strafgesetzbuch juristisch exotischer Länder langjährige Haftstrafen vorsieht.

Brewis hatte auch nicht abgeschwächt, indem er bloß einen Vergleich zog und das Wörtchen wie einstreute. Brewis sagt nämlich nicht:

Fast Food ist wie Kindesmisshandlung.

Nein. Er formulierte es wie das einleitende Zitat. So und nicht anders. Weil er es so und nicht anders meinte. Weil er es so und nicht anders transportiert wissen wollte. Weil er in der heillos überzuckerten, mit Unmengen an Fetten, Salzen und künstlichen Phosphaten vollgepumpten, hochgradig ungesunden und obendrein praktisch wertlosen, weil nährwertlosen, Ware Fast Food das Tatwerkzeug sieht. Und die skrupellosen Täter in der endlosen Kette von Produzenten und anderweitig Verantwortlichen.

Darum sagte er:

Fast Food … ist … Kindesmisshandlung.

Dabei stützte er sich auf eine Flut von Fakten und Hintergrundwissen. Hintergrundwissen, weil ein Politikprofi wie Brewis selbstverständlich um die Zusammenhänge weiß. Er kennt die oft schmutzigen Deals hinter verschlossenen Türen, die der Normalbürger immer nur erahnen, doch so gut wie nie belegen kann. Als unabhängiger, weil parteiloser Volksvertreter lässt einer wie Brewis sich nicht so schnell den Maulkorb verpassen, den die meisten seiner Kollegen tragen und dafür auch noch kräftig Schmerzensgeld kassieren.

Wer keinen Fraktionszwang kennt und in keiner Regierung sitzt und auch nicht dem mehr oder weniger sanften

Druck von Lobbyisten ausgesetzt ist, bewegt sich bedeutend freier im üblen Spiel aus Abhängigkeiten und Gefälligkeiten zwischen Politik und Wirtschaft. Und Brewis kennt natürlich auch die Fakten. In Zeiten des Internets sind sie für jeden in großem Ausmaß verfügbar. Man muss es nur genauer wissen wollen, tiefer zu wühlen und dabei auch kritisch zu unterscheiden beginnen.

Tatsächlich sind diese Zahlen und Daten so alarmierend wie erschütternd. Sie lassen sich in den Vorstandsetagen der Konzerne und in Ministerbüros bestenfalls klein- oder schönreden. Aus der Welt schaffen lassen sie sich nicht.

Wovon wir sprechen?

Wir sprechen beispielsweise davon, dass heute schon zwei Milliarden Menschen deutlich zu viele Kilos auf den Rippen haben. Jeder Vierte der Weltbevölkerung. Unter ihnen 700 Millionen, die überhaupt als krankhaft fettleibig gelten. Jeder Elfte also bereits.

Wir sprechen davon, dass allein in den USA jedes dritte Kind übergewichtig ist. Tendenz stark steigend. Davon, dass zwei Millionen dieser Kinder überhaupt das Doppelte und mehr des altersgerechten Körpergewichts mit sich herumschleppen. Und davon, dass wir Europäer nicht spöttisch mit dem Zeigefinger in Richtung Atlantik deuten sollten, weil wir mit Vollgas auf der Überholspur unterwegs sind. Neunzig Prozent aller erwachsenen Briten beispielsweise werden bis ins Jahr 2030 als übergewichtig gelten. Bis dahin sind es nur noch elf Jahre.

Im selben Jahr werden es übrigens bereits sechzig Prozent der Weltbevölkerung über achtzehn Jahren sein, die entschieden zu viel auf die Waage bringen. Krankhaftes Übergewicht ist längst auch in den Schwellenländern angekommen. China und Indien ächzen auch schon kräftig unter der Last. In Festland-Europa wiederum ist Deutschland (nach Ungarn) kaum zu schlagen: Jeder vierte Erwachse gilt mittlerweile als stark übergewichtig. In Österreich sieht es etwas besser aus.

Noch.

Wir sprechen ferner davon, dass heute an einem beliebigen Ort Geborene eine statistisch beträchtliche Chance haben, eines Tages an Diabetes zu erkranken. Jeder Dritte nach aktuellen Schätzungen. Wir sprechen auch davon, dass der sogenannte Alters-Diabetes, wie die Zuckerkrankheit des Typs 2 der Generation fünfzig plus einmal hieß, längst nicht nur bei den Mittdreißigern angekommen ist, sondern bei den Kindern. Unter ihnen bereits zahllose im Vorschulalter.

Insgesamt sprechen wir davon, dass es bald schon, in zwanzig, bestenfalls dreißig Jahren, eher die Regel als die schicksalhafte Ausnahme sein wird, wenn Kinder vor ihren Eltern sterben. Weil die zahllosen Krankheiten im Gefolge unserer stark veränderten Ernährungsgewohnheiten längst begonnen haben dafür zu sorgen, dass wir wieder früher abtreten müssen. Spitzenmedizin hin, Technik her. Das sind keine gefühlten Wahrheiten, denn: In der Supernation – den USA – schlägt sich dies seit kurzem auch messbar nieder. In der Statistik. Die Zahlen deuten genau in diese Richtung. Erstmals seit Jahrzehnten gibt es in einem hochentwickelten Industrieland nämlich eine Trendumkehr. Die Lebenserwartung der Amerikaner hat zum Sinkflug angesetzt. Langsam, aber stetig.

Wo beginnt die Verantwortung des Einzelnen? Und wo endet sie zwangsläufig? Weil dort Manipulationsgeschick und Verführungskraft der Multi-Konzerne einsetzen? Weil der Hebel unter anderem dort ansetzt, wo er die stärkste Wirkung zeigt: bei den Kindern.

Kümmere dich um die Kunden, und das
Geschäft wird sich um sich selbst kümmern.

Das Wort Kunden lässt sich in diesem Zitat wunderbar durch Kinder ersetzen. Das Zitat stammt übrigens von Ray Kroc. Aus seiner Autobiographie. Und auch in *The Founder* (Deutsch: Der Gründer), einem 2016 in bester Hollywood-Manier gedrehten Streifen, kommt der Satz vor. Weil der Film auch von ihm handelt:

Ray Kroc.

Das ist jener Mann, der heute noch als Gründer von *McDonald's* genannt wird, ohne es wirklich gewesen zu sein. Allerdings hat er aus der ehemaligen Burger-Bude zweier wenig motivierter Brüder in San Bernadino, einem Kaff nahe Los Angeles, das gemacht, was wir heute kennen: die *McDonald's* Company. Einen globalen Fast-Food-Riesen. Das weltumspannende Ergebnis einer ungeheuren Erfolgsgeschichte, die ihresgleichen sucht und lange Jahre als Synonym für den American Way of Life hergehalten hat.

Fünfzig Persönlichkeiten wurden Anfang der 1980er Jahre im Magazin Esquire gelistet, die den größten Beitrag zu diesem American Way of Life geleistet haben sollen. Das las sich damals so:

»Kolumbus entdeckte Amerika. Jefferson (Anmerkung: Thomas Jefferson, der dritte US-Präsident) erfand es und Ray Kroc hat ihm den Big-Mac-Stempel aufgedrückt.«

Stimmt: Kroc und seine Nachahmer, die nicht lange auf sich warten ließen, haben die Welt tatsächlich aus den Angeln gehoben. Eine kulinarische Weltrevolution. Zu einem besseren Ort haben sie diese Welt allerdings nicht gemacht. Keiner hat so früh und effizient begriffen wie Ray Kroc, was es heißt, Menschen quer über den Globus ans eigene Produkt zu binden. Nämlich von frühester Kindheit an, und von da weg ein Leben lang. Kroc hat mit seinen ersten, durchaus genialen Marketinginstrumenten in Gang gesetzt, was bis zum heutigen Tage immer weiter perfektioniert wurde.

Konzerne wie *McDonald's* und Co. nennen es Marketing und Kundenbindung. Andere nennen es Gehirnwäsche. Und neuerdings wurde auch der wissenschaftliche Beweis darüber geliefert, was Kroc intuitiv vor bald siebzig Jahren ohnehin wusste:

Kriegst du die Kinder, gehören sie dir auf ewig.
Und mit ihnen kommen die Erwachsenen.
Ganz von selbst.

An dieser Stelle die erste (garantiert unabhängige) Studie. Eine Untersuchungsreihe der Universität von Missouri-Kansas City sowie dem Kansas Medical Center. Der Titel, Neuroökonomie von kontroversen Lebensmitteltechnologien, ist alles andere als sexy, umso erhellender und aufregender aber die Ergebnisse, nachdem 120 Kindern und Jugendlichen zwischen zehn und vierzehn Jahren sechzig unterschiedliche Logos vorgelegt wurden. Alle von namhaften Herstellern. Die einen hatten mit Fast Food zu tun. Die anderen nicht.

Die Gehirnströme der Probanden wurden mittels Magnetresonanztomograph (MRT) gemessen und aufgezeichnet. Ziel war es herauszufinden, wie die Belohnungszentren im menschlichen Gehirn, vor allem bei jungen Menschen, reagieren. Weil bekanntlich genau dort darüber entschieden wird, ob der Appetit gezügelt oder angeregt wird. Fazit:

Logos und Markennamen von Fast-Food-Restaurants brennen sich in das Gehirn von Kindern buchstäblich ein.

Wie Daten auf einer frisch bespielten CD-ROM. Oder einer Computerfestplatte. Mitunter die Erklärung, warum es gerade die Jungen sind, die es wie ferngesteuert hinzieht zu den Fast-Food-Tempeln.

Bekommen sie ein Fast-Food-Logo vorgesetzt, werden diese Belohnungszentren in höchste Alarmbereitschaft versetzt. Dr. Amanda Bruce, die Leiterin der Studie, drückte das in einem Interview für die britische Tageszeitung *The Independent* mit einiger akademischer Zurückhaltung so aus:

»Die Forschung hat gezeigt, dass Kinder und Jugendliche mit höherer Wahrscheinlichkeit Nahrungsmittel auswählen, deren Logos sie kennen. Besorgniserregend ist das Ergebnis deshalb, weil es sich bei der Mehrheit der Lebensmittel, deren Zielgruppe vor allem Kinder und Jugendliche sind, um sehr ungesunde, kalorienreiche Produkte handelt, die viel Zucker, Fett und Natrium enthalten.«

Das gesundheitsgefährdende Essverhalten Heranwachsender hänge, so Bruce weiter, mit einer gestörten Entwicklung jener Hirnregionen zusammen, die zweierlei steuern: Emotionen und Denkprozesse. Mit anderen Worten: Gerade junge Menschen treffen in Sachen Ernährung viel zu leicht und viel zu oft die absolut falsche Entscheidung.

Für Konzernstrategen ist das wie ein Lotto-Sechser in der Dauerschleife. Was Ray Kroc bereits intuitiv verfolgte und auch alle nach ihm hat Milliarden scheffeln lassen, das haben die Strategen im Jahr 2019 auch noch Schwarz auf Weiß. Sozusagen amtlich bestätigt.

Die richtigen Botschaften richtig formuliert und zur richtigen Zeit zu den Kleinsten gebracht, und die zahlenden Kunden von morgen sind heute schon willenlos.

Unbezahlbares Zusatzwissen.

Von systematisch herbeigeführter Abhängigkeit will man trotzdem nichts wissen. Vielmehr treten Großkonzerne gerne auch mal die Flucht nach vorne an. So zum Beispiel, als es vor knapp drei Jahren in den USA hieß, die Regierung könnte den Lebensmittelriesen bald schon auf die Zehen steigen und die gezielte Werbung in Richtung Kinder und Jugendliche eindämmen.

Immerhin werden laut amerikanischer Bundeshandelskommission FTC Jahr für Jahr in den USA 1,6 Milliarden Dollar allein von Fast-Food-Ketten ins Rennen geworfen, um die Jugend zu ködern (das erinnert an das Märchen mit dem Rattenfänger von Hameln nach den Gebrüdern Grimm. Bloß mit mehr Aufwand).

Also kamen vierzehn der ganz Großen den Regierungsplänen zuvor. Sie schlossen sich zusammen, bildeten eine industrieeigene Koalition und starteten, natürlich äußerst medienwirksam, ein Programm mit diesem klingenden Namen: *Better Business Bureau.*

Ziel der freiwilligen Selbstregulierung: Bessere Lebensmittel für die Jugend. Dazu andere Werberichtlinien. Mit an Bord waren Riesen wie *Coca-Cola, Kellogg's* und andere.

Die FTC zeigte sich einigermaßen zufrieden. Die Sache hat jedoch einen Beigeschmack. Was bessere Lebensmittel sind, wie die Werbung abgeändert wird und so weiter, über all diese Schlüsselfaktoren entscheiden die Firmen selbst. Da macht es mehr Sinn, den ausgehungerten Wachhund vor den vollen Korb mit Knackwürsten zu setzen. Weil bei ihm wenigstens die Hoffnung besteht, dass er sich irgendwann doch sattgefressen hat.

Dem Wachhund lässt sich nicht wirklich ein Vorwurf machen. Es liegt in seiner Natur. Und die Konzerne? Wie ist das nun? Haben wir Konsumenten eine Wahl oder haben wir nicht? Wo enden die eigenen Möglichkeiten? Wo beginnt die Skrupellosigkeit der Industrie? Wo die gezielte Manipulation?

Wer die Last zu tragen hat, ist klar: Die Abermillionen Dicken mit ihren überschüssigen Kilos direkt am Leib. Und die Gesellschaft ebenfalls direkt durch enormen Steuergeldaufwand, um all die Folgen der grassierenden Fettleibigkeit in der Welt abzufedern. Sofern das überhaupt noch zu schaffen ist.

Aber wer trägt die Schuld? Wer die Verantwortung? Ist Fast Food gleichzusetzen mit einem Kapitalverbrechen an der Menschheit oder ist es das nicht?

Die Dealer mit dem weißen Gift

Dazu noch ein paar einleitende Worte zum Thema Abhängigkeit und Eigenverantwortung, ehe ich Sie mitnehme in die Welt der Konzerne:

Denken Sie an einen Jugendlichen in Ihrem persönlichen Umfeld. Ihren Sohn. Ihre Tochter. Freunde Ihrer Kinder. Kinder von Freunden, Verwandten. Stellen Sie sich vor, jemand würde einen dieser Jugendlichen zu seiner ersten Prise Kokain verführen. Oder gleich zu Heroin.

Was würden Sie empfinden? Was denken? Wie würden Sie reagieren?

Bald schon müssten Sie erkennen, dass es zu spät ist. Oder beinahe zu spät. Weil Ihr Sohn, Ihre Tochter, das Kind Ihrer Freunde auf dem Weg in die Suchtabhängigkeit ist. Mittendrin. Dass er oder sie längst begonnen hat, nach dem Stoff zu suchen. Und ihn sich auch selbst zu organisieren. In irgendwelchen dunklen Hinterhöfen und Spelunken oder Schickimicki-Treffs.

Wie würden Sie denjenigen nennen, der den Erstkontakt hergestellt oder angeregt hat? Wie denjenigen, der die wachsende Sucht von nun an stillt und den Stoff jederzeit bereitstellt?

Zu dem einen würden Sie vermutlich Dreckskerl sagen. In der höflichen Variante. Zu dem anderen Dealer. Welcher Verbrechen machen sich die beiden schuldig? Was die Moral betrifft, gibt es ohnehin keinen Zweifel. In punkto Gesetz steht wenigstens der Dealer weit jenseits der roten Linie.

Sie wissen natürlich, welche Frage nun folgt: Wie verhält es sich mit der Sucht nach Fast Food?

Die traurige Wahrheit ist: Nehme ich mein Kind bei der Hand und gehe mit ihm ins nächste Fast-Food-Restaurant, habe ich den ersten Schritt getan. Den Rest erledigt der Dealer. Dafür ist er perfekt ausgebildet. Darauf ist er vorbereitet. Nichts anderes sind Zuckerindustrie und Fast-Food-Produzenten.

Dealer.

Kokain wird auch unter diesem Begriff geführt: *weißes Gift*.

Zucker trägt denselben Beinamen. Weißes Gift. Aus gutem Grund. Alle beide, Kokain und Zucker, stimulieren letztlich auch dieselben Hirnregionen, setzen dieselben Botenstoffe in Gang, lösen in uns Menschen dieselbe Art von Suchtverhalten aus.

Der entscheidende Unterschied ist: Wer mit Kokain dealt und sich erwischen lässt, wandert ins Gefängnis. Wer mit Zucker dealt, tut es vor den Augen der ganzen Welt, kommt ungestraft davon und wird sogar belohnt, weil er auf Cocktailpartys eingeladen und in Aufsichtsräte gewählt wird.

Das ist das Fantastische an der Droge Zucker und den anderen Süchtigmachern im Fast Food: Sie alle sind legal. Überhaupt herrscht in der Branche ein absolutes Weiße-Weste-Klima. Bloß nichts tun, was gegen das Gesetz ist. Das ist so etwas wie ein Mantra, ein oberstes Gebot. Bloß nichts Illegales. Lieber die Gesetze biegen, lieber dafür sorgen, dass sie entsprechend formuliert sind. Auch davon möchte ich Ihnen berichten.

Darüber hinaus, warum die so genannten Skandale in den Fast-Food-Restaurants, vom Maus-Burger bis zum Gammelfleisch, in den allermeisten Fällen gar keine sind. Und vom Umgang mit den schärfsten Kritikern. Weshalb die einen angefeindet und in den Dreck gezogen werden, andere als unbedeutend kleingeredet oder totgeschwiegen, wiederum andere umarmt wie beste Freunde.

Spannend auch, was die Ware Fast Food in uns anstellt. Ganz unmittelbar. Sozusagen von jetzt auf gleich. Innerhalb der, sagen wir, ersten sechzig Minuten nach Verzehr eines derartigen Schnellgerichts. Ebenso faszinierend wie beunruhigend diese neue Erkenntnis: Dass die Folgen bereits eines einzigen Fast-Food-Menüs in den menschlichen Arterien, ausgelöst durch Zucker, Fette und andere industriell erzeugte Inhaltsstoffe, empirisch nachweisbar sind. Wie ein auf kriminelle Weise in einen Flusslauf gekippter Giftcocktail.

Natürlich heißt es auch darauf ein Auge zu werfen: Was können, was müssen wir tun, um den Lauf der Dinge doch noch zu stoppen oder wenigstens abzuändern? Wir. Das bedeutet: Jeder Einzelne. Die Gesellschaft als Ganzes. Die Politik.

Mit dem britischen Stadtrat Chris Brewis, von dem wir schon gehört haben, verbindet mich eines ganz besonders: die Innensicht. Seine ist jene auf die Materie Politik. Meine auf die Materie Fast Food. Dabei bin ich weder Arzt noch Ernährungswissenschaftler. Auch bin ich nicht Aktivist der Grünen noch Mitglied einer NGO. Ebenso wenig ein ausgewiesener Experte in Sachen Globalisierung.

Im Gegenteil. Ich habe der anderen Seite angehört. Mit Leib und Seele. Meine Karriereleiter zeigte ewige Zeiten immer nur in die eine Richtung: steil nach oben. Ich war im Management eines Ölkonzerns. Ich habe eine Bäckereikette geführt. Ich habe ein kleines Gastro-Reich in die Höhe gezogen. Ich war Kurzzeit-Präsident eines Bundesliga-Fußballvereins und habe damit so gut wie alles zerstört, was ich mir zuvor aufgebaut habe. Nur nicht meine Ehe, weil ich auf eine Frau zählen durfte und darf, die mir auch in Zeiten der schwersten Krise immer zur Seite gestanden ist.

Vor allem jedoch war ich dreizehn Jahre lang das: maßgeblicher Teil eines menschenverachtenden globalen Netzwerkes, das sich seit neuestem die Menschenliebe an die Fahnen heftet und doch nur drei Ziele kennt:

Profit.

Profit.

Und nochmals Profit.

Ich war ein Rad am Wagen. Nicht das fünfte, sondern eines, das immer stärker wurde und immer mehr trug. Erst nur in Österreich. Für Österreich. Bald schon auf europäischer, dann sogar auf globaler Ebene. Ich hatte immer mehr zu sagen im System Fast Food. Immer mehr zu entscheiden, immer mehr zu verantworten. Dann habe ich begonnen nachzudenken. Weil es dafür nie zu spät ist, nie zu spät sein darf.

Mein Name ist Harald Sükar. Ich war Spitzenmanager bei *McDonald's*.

Wenn es eine zentrale Botschaft gibt, die ich den folgenden Seiten überordnen möchte, dann diese:

Geht nicht hin! Nicht zu McDonald's. Nicht zu Burger King. Nicht zu den anderen Fast-Food-Riesen. Schon gar nicht mit euren Kindern. Nicht einmal ausnahmsweise.

Das Geständnis, das keines sein sollte:

»Wir sind Teil des Problems … ähm, der Lösung.«

Zuerst reift die Selbsterkenntnis. Im Stillen. Danach folgt die Selbstkritik. Laut und vielleicht sogar öffentlich. Sind das nicht menschliche Tugenden, die wir schätzen? Vor allem, wenn sie ehrlichen Ursprungs sind, wenn sie zur rechten Zeit am rechten Ort in Erscheinung treten?

Spitzenmanager globaler Konzerne besitzen diese menschlichen Tugenden in der Regel nicht. Wenn doch, so halten sie sich sehr bedeckt damit. Sie tragen weder Selbsterkenntnis noch Selbstkritik einfach so nach außen. Schon gar nicht, wenn sie massiv unter Beschuss stehen. Schon gar nicht in der Fast-Food-Industrie. Und schon dreimal nicht vor laufender Kamera. Wenn überhaupt, dann unter ihresgleichen. Bei einem launigen Treffen hinter verschlossenen Türen etwa. Mit dem dritten Glas Whisky in der einen und einer Havanna in der anderen Hand.

Wer beschmutzt schon gerne das eigene Nest? Und doch hat Gene Grabowski genau das getan. Ohne es zu wollen. Es ist ihm herausgerutscht. Denn er hat, mit sichtbaren Schweißperlen auf der Stirn, diesen einen Satz in die Kamera gesagt:

»Wir sind Teil des Problems ...«

Als dem fünfzig Jahre alten Grabowski dieser verräterische Sager entfährt, ist er längst nicht mehr der kleine Reporter bei der Washington Times mit Spezialgebiet Weißes Haus, der er irgendwann einmal gewesen war. Grabowski hat große Karriere gemacht, ist nunmehr Vize-Präsident der GMA. Und zugleich ihr Sprecher.

Was das ist, die GMA?

Damals, im Jahr 2004, steht das Kürzel noch für *Grocery Manufacturers of America*. Später (und bis zum heutigen Tag) wird GMA nach einer Fusion mit der *Food Products Association* (FPA) dafür stehen:

Grocery Manufacturers Association.

Ein Fachverband der Lebensmittelindustrie. Aber nicht irgendwelcher Kleinkrämer oder der halbwegs potenten Gewerbetreibenden nur eines einzigen Landes, sondern der weltweit größten Markenartikel-Unternehmen für Lebensmittel, Getränke und Konsumgüter. Eine Vereinigung, der vorübergehend auch die vormalige First Lady Michelle Obama beitrat, um mit ihrer *Let's move*-Kampagne gegen die ausufernde Epidemie fettleibiger US-amerikanischer Kinder anzutreten. Dass diese Epidemie längst den ganzen Globus erfasst und sich damit zu einer Pandemie ausgeweitet hat, ist mittlerweile nicht mehr von der Hand zu weisen.

Offiziell ist die GMA eine Non-Profit-Organisation. Vor allem aber ist sie eine unfassbar mächtige Lobby. Ein tausendarmiger Krake der Industrie, dessen Tentakel überallhin reichen. Bis in den letzten Winkel des kleinsten Hinterzimmers politischer Entscheidungsträger. Rund um den Erdball. Von Z wie Zypern bis A wie Afghanistan. *McDonald's* gibt es schließlich auch in Kabul.

Aber was kann einen Medienprofi wie Gene Grabowski so sehr aus der Fassung bringen, dass ihm dieser Lapsus widerfährt? Diese Peinlichkeit? Unabsichtlich einzugestehen, was niemals eingestanden werden darf?

Ursprünglich (so viel kann ich Ihnen schon verraten) hat Grabowski die alte Leier abspulen wollen. Einen Text, den jemand wie er immer und überall runterbeten kann, zu jeder Tages- und Nachtzeit. Einen Standardtext zur Verantwortung der Lebensmittel-Konzerne, den er so selbstverständlich intus hat, wie jeder Geistliche das Vaterunser. Sätze wie:

»Die Lösung muss im Bildungssystem liegen.«

Oder:

»Man muss den Sportunterricht fördern.«

Oder auch, was er tatsächlich gesagt hat, angesprochen auf die Rolle der Lebensmittel-Giganten im Allgemeinen und der Fast-Food-Industrie im Speziellen. Wie es in punkto Verantwortung für die Gesundheit von zig Millionen Menschen in seinem Heimatland steht. Und von Milliarden in aller Welt.

Gene Grabowski im Originalton: »Wir werden weiterhin gutes Marketing betreiben, Bildungsprogramme finanzieren, was wir ja schon im großen Stil tun. Wir informieren Eltern, um Probleme zu lösen. Das tut die Nahrungsindustrie. Wir spielen eine verantwortungsvolle, wichtige Rolle.«

Diese angesprochene Co-Finanzierung von Bildungsprogrammen bedeutet: Zwar werden Hunderttausende Kinder in den USA alphabetisiert, lernen endlich einigermaßen Lesen und Schreiben, doch um den Preis, dass die ohnehin verschwindend geringe Wochenstunden-Zahl für Sport in den Schulen weiter schrumpft. Mit dem Ergebnis, eventuell um einen Hauch gebildetere, aber mit Garantie um Längen fettere Kinder in den Bänken sitzen zu haben. Unter anderem auch, weil die Softdrink-Hersteller ihre Automaten weiterhin in den Schulgängen aufstellen und befüllen dürfen.

Das weiß ein Mann wie Gene Grabowski selbstverständlich. Ebenso selbstverständlich kommt ihm aber nichts dergleichen über die Lippen. Stattdessen sagt er in die Kamera:

»Wir sind keine Polizei oder Behörde. Wir stellen günstige Lebensmittel in Mengen her, wie nie zuvor. Die Industrie übernimmt Verantwortung. Wir wollen mehr tun, weil wir erkennen: Wir haben eine Aufgabe. Wir sind Teil der Lösung.«

Und dann passiert's eben. Weil an diesem Tag irgendetwas anders ist. Weil der ausgebuffte Medienprofi Grabowski auf dem falschen Fuß erwischt wird. Vielleicht hat er einfach nur schlecht geschlafen. Vielleicht liegt es aber doch an den verstörenden Fakten, mit denen man ihn in der Lobby der GMA konfrontiert. Ausgesprochen von diesem lästigen Ex-Kollegen, der mit allen Wassern gewaschen ist:

Morgan Spurlock.

Regisseur. Dokumentarfilmemacher. Drehbuchautor. Produzent. Versuchskaninchen im eigenen Auftrag. Und auf gewisse Weise auch Journalist wie früher Grabowski. Einer der, hat er erst einmal Fährte aufgenommen, sich verbeißt, wie ein von der Leine gelassener Kampfhund. Mit seinen nervenden Fragen, die er obendrein mit jeder Menge Hintergrundwissen unterbuttert.

Und so stottert Gene Grabowski, Vize-Präsident der großen GMA, in die Kamera:

„Wir sind Teil der Lösung
... Wir sind Teil des Problems
... ähm, Teil der Lösung."

Monate später flimmert der fertige Film (samt Grabowskis peinlichem Versprecher) über die Leinwand: *Super Size Me*. Vorerst beim Sundance Festival, einem renommierten, alljährlichen US-Film-Event, das als bedeutende Plattform für unabhängige Produktionen gilt. Seien es amerikanische, seien es internationale.

Es ist Jänner 2004. Beim Sundance Festival streift der Film gleich seinen ersten Preis ein, den für die beste Regie. Eine Reihe weiterer Auszeichnungen wird folgen. Im Mai desselben Jahres kommt der Streifen in die US-amerikanischen Kinos.

In den vier Monaten zwischen Festival und Leinwandstart rumort es gewaltig hinter den Kulissen. Offiziell wird das später nie jemand bestätigen, doch die einhundert bitterbösen Minuten, die Morgan Spurlock für seine satirische Gesellschafts-Doku abgedreht hat, haben es in sich. Und sie haben Folgen. Auch wenn bis zum heutigen Tage behauptet wird, dass die Änderungen im kulinarischen Programm bei *McDonald's*, die im Anschluss folgen sollten, schon lange vorher geplant waren.

Wie es sich wirklich abgespielt hat, habe ich selbst miterlebt. Damals war ich, nach knapp zweijähriger Unterbrechung, zum zweiten Mal bei *McDonald's*. Nicht nur als Geschäftsführer und Chef über die damals bereits 174 Filialen in ganz Österreich, sondern obendrein als Vize-Präsident für Personalangelegenheiten in Zentraleuropa. Das bedeutete, dass ich, rein konzeptionell betrachtet, für 140.000 Mitarbeiter zuständig war.

Dann kam der Film. Im Mai in den USA. Mitte Juli in Deutschland. Ende Oktober in Österreich. Bestimmt erinnern sich viele von Ihnen noch an die eine oder andere Szene. Nein? Nur bruchstückhaft?

So begleiten Sie mich auf dieser kleinen Reise in die Vergangenheit. Fünfzehn Jahre zurück. Das erscheint im ersten Moment wie eine sehr lange Zeit. Dabei sind fünfzehn Jahre so gut wie nichts. Nicht bei diesem Film, denn er hat bis heute nicht nur keinen Funken Aktualität eingebüßt, sondern in seiner Dramatik im Gegenteil um Dimensionen zugelegt. Nichts, was mit Fast Food zu tun hat, hat sich seither zum Besseren gewandelt, alles nur noch wesentlich verschärft.

Erstaunlich war und ist dieser Film in vielerlei Hinsicht. Einmal, weil er so symptomatisch ist für den Umgang der Fast-Food-Branche mit handfesten Krisen. Dann wieder, weil es ein einzelner Mensch war, der einen Riesen der Branche ordentlich ins Schwitzen gebracht hat. Ein absoluter Low-Budget-Streifen, hergestellt für fast lachhafte 300.000 US-Dollar, was schon an der Liste der Mitarbeiter abzulesen ist:

Regie: Morgan Spurlock.
Drehbuch: Morgan Spurlock.

Produktion: Morgan Spurlock.
Kamera: Scott Ambrozy.
Schnitt: Stela Georgieva, Julie Bob Lombardi.
Besetzung: Morgan Spurlock.

Das war's dann schon wieder. Drei für Kamera und Technik, schauspielerisch eine One-Man-Show, sieht man von Spurlocks Interview-Partnern ab. Aber die haben alle ohne Gage mitgemacht. Mehr ist da nicht an Aufwand. Minimale Mittel, die eine weltweit maximale Wirkung zeitigen.

Werfen wir also im Zeitraffer einen Blick hinein in:

»Super Size Me« – Fressen bis zum Anschlag

»Ich glaube an Gott, die Familie und an McDonald's. Und im Büro ist diese Reihenfolge umgekehrt.«

Das ist auch eines der vielen, fast legendären Zitate von Ray Kroc. Auch wenn er 2004 schon seit 20 Jahren tot ist. Ich selbst stieg 1993 bei *McDonald's* ein, erlebte Kroc als Big Boss also nicht mehr. Dennoch war seine eiserne Hand, sein Generalkonzept, weder die Auswahl der Produkte, noch die Vermarktung und überhaupt keinen einzigen Handgriff eines Mitarbeiters dem Zufall zu überlassen, auch für mich von Anbeginn spürbar. Jederzeit. Das war immer schon so. Und das hat sich bis zum heutigen Tag nicht geändert. In jeder der knapp 37.000 Filialen. Für jeden der rund 1,8 Millionen McDonaldianer.

Überhaupt sind viele von Krocs Philosophien und Vorgaben bei *McDonald's* so etwas wie ungeschriebene und zugleich eherne Gesetze. Unantastbare Fixpunkte, Maximen, an denen nicht zu rütteln ist. Weltweit heilige Kühe. Selbst wenn sie nicht mehr zeitgemäß sein mögen, oder hinderlich, weil eben die Betriebsabläufe im 21. Jahrhundert andere sind. Ich komme noch darauf zurück.

Der Film *Super Size Me* präsentiert zu Beginn allerdings ein anderes Zitat. Eines, das uns bereits begegnet ist:

»Kümmere dich um die Kunden,
und dasGeschäft wird sich um sich
selbst kümmern.«

Zuvor werden wir noch für ein paar Sekunden auf eine Weise in die Materie eingestimmt, sodass uns zum ersten Mal der Atem wegbleibt. Weil die allerersten Bilder diese sind: eine Schar von Schulkindern, im Freien aufgefädelt, in mehreren Reihen sitzend. Fröhliche Buben und Mädchen, die ein Lied singen. Nicht irgendeines. Der Text geht so:

»A Pizza Hut … A Pizza Hut.
Kentucky Fried Chicken and a Pizza Hut.
McDonald's … McDonald's!
Kentucky Fried Chicken and a Pizza Hut.
I like food … I like food …
Kentucky Fried Chicken and a Pizza Hut.«

Die Worte werden ergänzt durch ausladende Gesten der Kinder, die auf einfachste Weise die angesprochenen Fast-Food-Riesen darstellen sollen. Die Schülerinnen und Schüler sind allesamt etwa zehn bis zwölf Jahre alt, und viele mit deutlich zu viel Gewicht an den Rippen. Sehr viele sogar. Einige richtiggehend fett, sodass einem das Herz stockt in einer Mischung aus Schock und Mitgefühl.

Dann, schwarz unterlegt, das erwähnte Zitat mit den Kunden.

Jetzt erst, zu Bildern einer wehenden US-Flagge, setzt die Stimme des Sprechers ein. Wir bekommen zu hören, was wir ohnedies wissen: dass die USA das Land der Superlative ist, weil alles um einen Tick größer ist als anderswo. Autos. Häuser. Von da bis dort. Bis hin zu den Portionen auf den Tellern.

Dann: »Die USA sind heute die fetteste Nation der Welt. Herzlichen Glückwunsch.«

Ein Filmprofi wie Spurlock weiß natürlich genau, an welchen Schrauben er drehen muss. Doch um billige Effekthascherei geht es letzten Endes gar nicht, weil das, was danach kommt, ohnedies für sich spricht.

Wir erfahren, dass sechzig Prozent aller US-Amerikaner übergewichtig oder stark übergewichtig sind, sprich: fettleibig. Halten wir an dieser Stelle den Film kurz an.

Adipositas
die Mutter (fast) aller Fast-Food-Krankheiten

Fettleibigkeit. Fachbegriff: Adipositas.

Auf Englisch: Obesity.

Als Gradmesser dafür, ob jemand bloß übergewichtig, oder schon fettleibig ist, gilt der altbekannte Body-Mass-Index, kurz: BMI. Dieser BMI war lange Jahre das Maß aller Dinge, wird mittlerweile aber kritisch gesehen. Für die Definition von Adipositas allerdings ist er nach wie vor hilfreich.

Die Berechnung ist überaus einfach: Körpergewicht in Kilo, geteilt durch das Quadrat der Körpergröße. Wer also 1,85 m groß ist und 85 Kilo wiegt, kommt auf 85:1,852 = 24,85. Wobei Alter und Geschlecht auch noch eine Rolle spielen.

Wie schädlich überschüssiges Körperfett für die Gesundheit ist, wie sehr es dazu beiträgt, eine oder mehrere der zahlreichen Folgekrankheiten auszulösen, die uns in Zusammenhang mit Fast Food noch begegnen werden, hängt natürlich auch von der Verteilung am Körper ab. Stichwort *Apfeltyp* oder *Birnentyp*. Mehr müssen wir an dieser Stelle nicht wissen.

Ein BMI-Wert von 18,5 bis 25 gilt üblicherweise als Normalgewicht. Zwischen 25 und 30 herrscht Übergewicht. Und ab 30 Adipositas. Mit diesen Abstufungen:

Adipositas Grad I:	BMI 30 – 35
Adipositas Grad II:	BMI 35 – 40
Adipositas Grad III:	BMI 40 +

Bei Grad III spricht man auch von morbider Adipositas.

Viel bedeutender jedoch sind Antworten auf diese Fragen: Woher stammt Adipositas? Wen betrifft Adipositas? Was bedeutet das für den einzelnen Menschen? Was für die Gesellschaft?

Definiert wird Adipositas so: eine Ernährungs- und Stoffwechselkrankheit mit starkem Übergewicht.

Eine der möglichen Ursachen für das Auftreten von Fettleibigkeit sind Erbfaktoren. Extrem dicke Menschen gab es schließlich immer schon. Bestimmt kennen Sie jemand, der davon betroffen ist. Und bestimmt haben Sie auch schon dieses Erklärungsmodell gehört, das jedoch in den allermeisten Fällen an der Realität vorbeizielt:

»Ich würde wirklich gerne anders ...
ich tue auch alles, damit es anders wird ...
aber das sind eben die Gene.«

Früher, bis vor rund 11.000 Jahren, als der Mensch noch überwiegend Jäger und Sammler war und erst allmählich sesshaft wurde, war das Anlegen von Körperreserven ein absolutes Überlebensmerkmal. Entscheidend war das Spiel aus Grundumsatz, Nahrungsverwertung und Fettverteilungsmuster. Wer Überschüsse in den Fettzellen ablagern konnte, konnte in Zeiten des Mangels darauf zurückgreifen und dadurch überleben.

Die rasende Zunahme von Adipositas quer über den Erdball hat aber erst in den vergangenen Jahrzehnten so richtig eingesetzt. Die genetische Ausstattung von uns Menschen hat sich in dieser, evolutionstheoretisch betrachtet, extrem kurzen Zeitspanne allerdings nur minimal verändert. Genau genommen, so gut wie gar nicht.

Diese Art genetischer Ursache kann es also nicht sein. Ebenso wenig jener Fakt, dass es sich bei Adipositas ja auch um eine Stoffwechselerkrankung handelt. Weil lediglich zwei Prozent der Menschheit überhaupt an diversen Stoffwechselerkrankungen leiden, von welchen eine auch Adipositas ist. Bis heute ist völlig ungewiss, wie hoch unter diesen zwei Prozent der Anteil derer ist, die nur aufgrund ihrer Gene fettleibig sind. Selbst wenn es alle wären, so wäre es im Verhältnis zur Gesamtzahl aller Fettleibigen ein sehr geringer Prozentsatz.

Anfang der Nullerjahre des 21. Jahrhunderts, zu jener Zeit also, da Morgan Spurlock auf die Idee mit seinem Film verfiel und zu recherchieren begann, hatte sich die Zahl der Fettleibigen in den USA im Vergleich zu 1980 bereits verdoppelt. Innerhalb von nur zwanzig Jahren. Doch was der Filmemacher damals schon, völlig zu Recht, als mittlere Gesellschaftskatastrophe skizzierte, liest sich heute wie der Rückblick auf die guten, alten Zeiten.

Dazu folgende Grafik der Organisation für wirtschaftliche Zusammenarbeit und Entwicklung, kurz OECD, aus dem Jahr 2017:

Fettleibigkeit im OECD-Vergleich

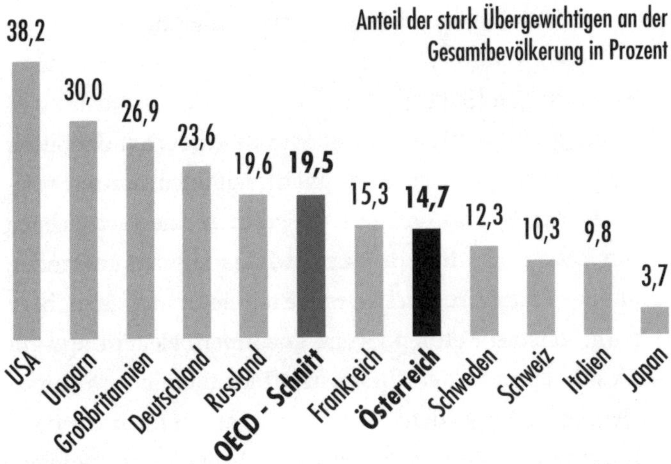

Quelle: OECD

Auf den ersten Blick zu erkennen: Die USA hat ihren Spitzenreiterplatz nicht abgegeben, doch Ungarn ist ihr auf den Fersen. In derselben Liga, auf der Grafik nicht ausgewiesen, spielen auch die Mexikaner und die Neuseeländer. Der OECD-Schnitt ist auch schon bei sehr beunruhigenden knapp zwanzig Prozent angelangt. Das bedeutet also, dass jeder fünfte Erwachsene der 36 Mitgliedstaaten bereits als adipös gilt. In sehr vielen Ländern außerhalb der OECD sieht es allerdings nicht viel besser aus.

Was sind also, abgesehen von den ungünstigen Genen, die Ursachen dieser Seuche, die unsere Erde erfasst hat? Um kein falsches Bild zu erzeugen, führe ich hier alle an, die üblicherweise genannt werden. So gering manche in ihrer tatsächlichen Auswirkung auch sein mögen. Allfällige Auslöser für Fettleibigkeit sind also unter anderem:

- Essstörungen (Sucht)
- Schlafgewohnheiten: Eine Studie an Kindern (acht bis elf Jahre) ergab, dass jene, die mehr schliefen, weniger Gewicht haben. Das soll mit unserem Leptin-Haushalt zu tun haben. Leptin, ein Hormon, das Signale aussendet, um das Essen einzustellen und Energie aus den Speichern (zum Beispiel Fettdepots) zu gewinnen. Neuerdings gilt dieses Leptin in der Wissenschaft als möglicher Verursacher von Übergewicht. Vor einigen Jahren noch wurde es hingegen als Wundermittel gegen Übergewicht gefeiert. Wirklich gesichert ist weder das eine noch das andere.
- Nebenwirkungen von Medikamenten: Hier zu nennen sind Insulin, medikamentöse Verhütungsmittel, Antidepressiva, Betablocker und andere, bei denen die Gewichtszunahme nachgewiesen ist.
- Infektion durch das Adenovirus Typ AD-36: Dieses (Schnupfen-)Virus verfügt über die zweifelhafte Fähigkeit, Stammzellen in Fettzellen umzuwandeln. US-Forscher haben erstmals 2010 veröffentlicht, dass Kinder, die irgendwann einmal mit dem Virus in Berührung gekommen sind und Antikörper ausgebildet haben, tendenziell mehr auf die Waage bringen würden als andere. Im Fachmagazin Pediatrics wurde auch einer der Forscher zitiert,

Jeffrey Schwimmer: »Die meisten Menschen sind der Ansicht, wer dick ist, sei daran selber schuld. Die Ergebnisse dieser Studie belegen aber, dass die Hintergründe komplizierter sein können.«

- Sein können. Weil die Studie ebenso gut den Umkehrschluss zulässt. Dass ohnehin zu dicke Kinder einfach bloß anfälliger sind für diese Art von Erkältungsvirus. Dass AD-36 ausgerechnet in den vergangenen Jahrzehnten aus der Spur geraten und seine vollen Kräfte am Menschen entwickelt haben soll, seit es auch den Fast-Food-Boom gibt, erscheint doch einigermaßen weit hergeholt.

Was bleibt? Die echten, breitenwirksamen Ursachen für die weltweit so enorme Zunahme von Übergewicht und Fettleibigkeit müssen demnach anderswo begraben liegen. Vielleicht doch darin?

- Sitzende Tätigkeiten bei gleichzeitig wenig Bewegung (Auto, Fahrstuhl, Rolltreppe)
- Viel passive Zeit vor Fernseher und Computer
- Essen als Übersprungshandlung, sprich, aus Frust und Langeweile
- Ein Überangebot an Nahrung
- Ersatz-Essen (als Ausgleich für Liebesmangel)
- Erziehung (»Iss deinen Teller leer, sonst ...!«)
- Unregelmäßige Mahlzeiten (zum Beispiel durch beruflichen Stress et cetera)
- Mahlzeiten unterwegs anstatt in Ruhe bei Tisch

- Fast Food anstatt frisch gekocht
- Zu schneller Verzehr von Nahrung
- Portionsgrößen
- Zu hoher Zucker-, Fett- und Salzgehalt bei zugleich nicht anhaltend sättigender, hochwertiger Nahrung
- Glutamat und andere Geschmacksverstärker
- Einfluss durch Werbung für zucker- und fetthaltige Nahrung
- Frühkindliche Prägung auf Zucker (Babynahrung, gesüßter Tee, Softdrinks, gesüßte Fleischprodukte und so weiter)
- Jo-Jo-Effekt nach Diäten

Wir sehen schon: Mit Ausnahme der ersten beiden Faktoren haben alle dieser auch als sozio-kulturell bezeichneten Faktoren unmittelbar mit Nahrungsaufnahme zu tun. Übergewicht als erwünschtes Schönheitsideal (zum Beispiel bei Sumo-Ringern) ist in unserem Kulturkreis praktisch auszuschließen.

Was fällt noch auf? Es hat überwiegend mit billig hergestellter, industrieller Nahrung zu tun. Fast Food eben.

Die Küchen sind nicht mehr zum Kochen da

Die Welt titelte in ihrer Online-Ausgabe vor nicht allzu langer Zeit so:

»Aufwärmer« und »Snacker« drängen in die deutschen Küchen.

Hintergrund war eine großangelegte Untersuchung (30.000 befragte Haushalte) durch die Marktforscher von der GfK, sowie die Bundesvereinigung der Deutschen Ernährungsindustrie (BVE). Sie drückte sozusagen den amtlichen Stempel darauf, was wir selbst tagtäglich erleben und sehen:

In nicht einmal mehr jedem vierten Haushalt wird täglich frisch gekocht.

Vor ein paar Jahren war es noch knapp jeder dritte. Was Morgan Spurlock im Film schon als ungeheure Zahl eingestuft hat (vier von zehn Menschen essen täglich unterwegs), ist keine zwanzig Jahre später ein Wunschresultat, über das Ernährungsexperten jubeln würden.

Doch die Gesellschaft ist in Riesenschritten vorangeprescht in Richtung To-Go-immer-und-überall. Die Produkte in diesem To-Go-Format boomen mehr denn je. Allen voran Fast Food. Wozu letzten Endes auch die Convenience Produkte in den Supermarkt-Kühlregalen zählen. Alles muss so vorbereitet sein, dass es schnell zu verwerten ist. Unterwegs oder zuhause. Selbst wenn zuletzt ein leichter Gegentrend eingesetzt hat und die Menschen wieder vermehrt bereit sind, für frisch zubereitete Nahrung tiefer in die Tasche zu greifen.

Warum wir nicht unterwegs essen sollten

Überhaupt ist das Essen unterwegs ein Problem für sich. Das legte erstmals eine britische Studie offen *An experimental study of food intake and the im pact of 'eating to go'*[1], erstellt von der *University of Surrey*, eine Grafschaft im Süden Englands, und im August 2015 veröffentlicht.

Ausschließlich Frauen nahmen daran teil. Sechzig insgesamt, manche auf Diät, andere wiederum nicht. Ihnen allen wurde vorgegaukelt, es ginge um Geschmackstests. Genau genommen, wie sich bestimmte Formen von Ablenkung auf den Geschmack des Essens auswirken würden.

Tatsächlich sollte erforscht werden, in welchem Zustand Essen als mehr und in welchem als weniger zufriedenstellend empfunden wird. Und welche Gruppe über den Tag verteilt mehr Nahrung zu sich nahm:

Jene, die in Bewegung waren (in diesem Fall im Flur auf und ab liefen).

Jene, die vor dem Fernseher saßen (und fünf Minuten aus der Serie Friends anschauten).

Oder jene, die ganz klassisch beisammensaßen, plauderten und aßen.

---

1 https://journals.sagepub.com/doi/full/10.1177/1359105315595119

Zu essen bekamen alle während des Bobachtungszeitraums einen Müsliriegel. Danach folgte der angebliche Geschmackstest: mit gestiftelten Karotten, Chips, Schokolade und Trauben.

Zwar wurde der Geschmack auch abgefragt, in Wirklichkeit aber beobachteten die Forscher, wie viel die Frauen wovon aßen. Kernaussage:

Wer sich bewegt, isst insgesamt wesentlich mehr.

Bei Schokolade war es im Gehen überhaupt die fünffache Menge dessen, was die beiden anderen, sitzenden Gruppen aßen.

Zurück zum Film.

Zurück zu *Super Size Me*. Zurück zu dem Selbstversuch von Morgan Spurlock, der bei uns, dem damaligen Management von *McDonald's*, aber auch bis hinab zum kleinsten Mitarbeiter in den Filialen, ganz selbstverständlich diese Reaktion ausgelöst hat:

Da ist einer, der reibt sich an dem
Namen McDonald's. Der will mit dieser Art
von Aktionismus reich und berühmt werden.

Oder auch:

Nichts als das krankhafte, zweifelhafte Experiment eines Wichtigtuers. Ohne Bezug zur Realität. Ohne einen Funken Glaubwürdigkeit.

Aber wie sieht dieses sogenannte zweifelhafte Experiment im Detail aus? Was hat Morgan Spurlock überhaupt dazu bewogen?

Anlass waren zwei amerikanische Mädchen aus dem New Yorker Stadtteil Bronx. Die eine war vierzehn Jahre alt, 147 Zentimeter groß und wog 75 Kilogramm. Ein BMI von knapp 35. Die andere war neunzehn Jahre alt, 168 Zentimeter groß und 120 Kilogramm schwer. BMI: 42.

Die eine an der Kippe von Adipositas Grad I zu Grad II, die andere schon Grad III.

Damals ist Adipositas die zweithäufigste vermeidbare Todesursache in den Vereinigten Staaten. Gleich nach dem Rauchen. Heute, 2019, läuft der Tod durch Fettleibigkeit (inklusive aller direkten Folgeerkrankungen) jenem durch Nikotinsucht bereits den Rang ab.

Was die beiden Mädchen über das enorme Übergewicht hinaus vereint: Beide haben Klage gegen *McDonald's* eingereicht. Das Hauptargument, auf das die Anwälte der Jugendlichen sich stützen: »Weil sie (*McDonald's*) bekanntlich ungesundes Essen verkauft haben.«

Morgan Spurlock ist inspiriert und beginnt mit den Vorbereitungen für seinen Dreh.

Im Jahr 2004, als ich Geschäftsführer war und der Film herauskam, hatte *McDonald's* bei uns in Österreich praktisch ein Alleinstellungsmerkmal. Immer noch. Konkurrenz war nach wie vor ein Fremdwort. Wir hatten Marktanteile von weit über neunzig Prozent. Im Burger-Mutterland USA gab es natürlich eine Menge Mitbewerber. Dennoch war die Rolle des Konzerns auch dort absolut marktbeherrschend. Mindestens vier von zehn Fast-Food-Lokalen im ganzen Land trugen die zwei goldenen Bögen als Logo.

Die Golden Arches, wie sie in den USA genannt werden.

McDonald's war omnipräsent, von der Ostküste bis zur Westküste. Oder wie es im Film heißt: »In den USA gibt es sie überall. Sogar in Spitälern. Wie praktisch. Da hat man es ja nicht weit, im Fall des Falles.«

Während die Klage der beiden Mädchen bei Gericht verhandelt wird, reift der Plan, auf dem Spurlock seine Dokumentation aufbaut. Das Konzept ist simpel:

Sich dreißig Tage lang ausschließlich von McDonald's ernähren. Und schauen, was geschieht.

Die Regeln, die er sich vorgibt, sind einfach:

1. Drei Mahlzeiten täglich, sprich: Frühstück bei *McDonald's*. Mittagessen bei *McDonald's*. Abendessen bei *McDonald's*.
2. Jedes Gericht auf der Speisekarte muss er innerhalb dieser dreißig Tage mindestens einmal essen.
3. Wenn er gefragt wird, ob er die größte Portion, Super Size, möchte, muss er immer Ja sagen.

Dazu muss man wissen: In den USA herrscht damals schon ein etwas anderes Verhältnis zur Portionsgröße. Nehmen wir als Beispiel *Burger King*:

Ein Cola im 0,3-Liter-Becher hieß anfangs Small.

Ein Cola im 0,5-Liter-Becher hieß anfangs Large.

Klein und groß also. Mehr gab es lange Zeit nicht. Als Spurlock *Super Size Me* herausbringt, weht jedoch längst ein schärferer Wind. Bei *Burger King* heißt der vormals kleine Becher inzwischen Kiddy, der vormals große Small. Ein Liter nennt sich Medium. Und dann gibt es noch 1,25 Liter und 1,5 Liter. Der Größenwahn geht so weit, dass die Ketten Wagenbesitzern mobile Riesen-Getränkehalter mitliefern, weil die wageneigenen zu klein geworden sind.

Zum Beispiel für die sogenannten Seven-Eleven-Double-Gulps. Ein Zwei-Liter-Bottich mit 600 bis 800 Kilokalorien pro Getränk. In beigemengten Zucker umgerechnet: 48 Teelöffel. Der von der WHO empfohlene Wochenbedarf eines Kindes.

Das ist damals in fast allen Fast-Food-Ketten so. Natürlich auch bei meinen Kollegen. Auch dieser Vergleich, der im Film gezogen wird, ist drastisch, entspricht jedoch den Gegebenheiten:

»Neunzig Gramm Fleisch sind so groß wie ein Kartenspiel. In Restaurants finden Sie Steaks, die sind fünfmal so groß wie ein Spiel.«

Bei Pommes sieht es nicht viel anders aus. Auch bei *McDonald's*. Dabei wurden sie früher überhaupt nur in einer Größe verkauft. 2004 jedoch gibt es bereits diese vier:

Small.
Medium.
Large.
Super Size.

Super Size gab es bei meinen Kollegen in den USA auch für ganze Menüs. Da war dann alles eineinhalbmal so groß wie die ohnehin schon riesige Large-Variante, vom Burger über die Pommes bis zum Getränk. Für den Kalorienaufwand hieß das zum Beispiel, wie in BBC News anlässlich eines Filmberichts und erster *McDonald's*-Reaktionen zu lesen war: Ein Cola hat anstelle von 226 exakt 323 Kilokalorien, ein ganzes Menü (Big Mac, Pommes und Cola) knapp über 1.300.

In seinem Experiment darf Spurlock nicht ablehnen, wenn er vom Personal gefragt wird, ob er Super Size wünsche. Das ist bekanntlich eine von drei Regeln. Auch erzählt er, das Personal habe Anweisung, so oft wie möglich Super Size anzubieten. Immerhin koste diese Option nur um 5 Cent mehr als die Large-Variante.

Zusätzlich hat der Filmemacher sich diese Einschränkung auferlegt: Pro Tag darf er nicht mehr als 5.000 Schritte zu Fuß tun. Damit liege er, heißt es, ziemlich gut im amerikanischen Durchschnitt. Wobei (das gilt hier bei uns in Europa natürlich genauso) die meisten, die mit dem Auto zur Arbeit fahren, den ganzen Tag im Büro sitzen und abends direkt auf der Couch landen, kaum mehr als 1.500 Schritte zurücklegen. Empfohlen sind bekanntlich rund 10.000 – womit circa 300 Kilokalorien verbrannt würden. Bei Spurlock jedenfalls wird ein Schrittzähler darüber wachen, dass er nicht unnötig Kalorien verbraucht, sich vielmehr »wie ein echter Durchschnittsamerikaner fühlt«.

Als er sein Experiment startet, ist er knapp 34 Jahre alt. Er stellt diese Fragen in den Raum:»«

Dreißig Tage nichts als McDonald's-Essen
... was macht das mit mir?
Was macht das generell mit einem Menschen?
Ist das gefährlich?

Um auf Nummer sicher zu gehen, holt Spurlock sich Hilfe, lässt sich professionell betreuen. Medizinisch, ernährungstechnisch und in Sachen körperlicher Fitness. Ein fünfköpfiges Team an seiner Seite wird vorgestellt:

1. Eine Herzspezialistin
2. Ein Magen-Darm-Facharzt (Gastroenterologe)
3. Ein Allgemeinmediziner
4. Eine Diätologin
5. Ein Sport-Therapeut

Der Generalcheck zum Start des Selbstversuchs ergibt dieses Bild: Der Patient Morgan Spurlock ist bisher alles andere als ein Durchschnittsamerikaner. Der Patient ...

... trinkt nicht.
... raucht schon lange nicht mehr.

... hat keine erblichen Vorbelastungen, was schwere Krankheiten angeht.
... nimmt keine Drogen.
... ist sexuell aktiv.
... hat keine schweren Operationen hinter sich.
... nimmt keine Medikamente.
... hat perfekte Reflexe.
... ist ebenso schlank wie fit (188 Zentimeter groß, 84 Kilogramm)
... hat nur elf Prozent Körperfettanteil, ein großartiger Wert.

Außerdem sind ...
... Blutwerte und Eisenwerte top.
... Cholesterin und Glucose-Werte top.
... Elektrolyte (Blutsalze) im perfekten Zustand. Ebenso Leber und Nieren.
Auch der Blutzuckerwert ist niedrig.

Spannend auch die Prognosen seines Ärzteteams, was diese dreißig Tage ihrer Meinung nach mit ihm anstellen oder nicht anstellen würden:

- »Schlimmstenfalls erhöhen sich Fett- und Cholesterinwerte«, meint die Kardiologin. Das Herz des Patienten sehe sie nur gefährdet, wenn in der Familie eine Vorbelastung vorhanden sei.
- »Der menschliche Körper ist sehr anpassungsfähig.«, meint der Gastroenterologe. Die Triglyceride würden sich

vermutlich erhöhen. Mehr nicht. Weil Leber und Nieren Fette abbauen beziehungsweise überschüssige Salze ausscheiden würden.

- »Sie werden bestimmt etwas zunehmen«, meint der Hausarzt. »Der Cholesterinwert wird sich auch verschlechtern. Wer weiß ... vielleicht werden Sie sich elend fühlen. Es sei denn, Sie mogeln und essen nur Salat.«

Morgan Spurlock hat nicht vor zu mogeln. Seine Freundin, die ihm als eine Art kulinarische Henkersmahlzeit am Vorabend des Experimentstarts Gemüsekuchen, Artischocken und Salat serviert, gibt ebenfalls eine Prognose ab: »Er wird durchhalten«, meint sie, »aber er wird stinken ... und es wird unsere Beziehung belasten.«

Die ersten sieben Tage der Morgan-Spurlock-Spezialdiät im Zeitraffer

Tag 1: Beim ersten Frühstück (Egg McMuffin Menü) spricht er vom »Traum jedes Achtjährigen«. Dann sehen wir schon diese Einstellung: Er bekommt das erste Mal Super Size angeboten. Anfänglich stöhnt Spurlock noch ein wenig lustvoll, meint, das sei »wie Sport«.

Zehn Minuten später erklärt er seinen Zustand so: Mc Blähungen, Mc Schweiß, Mc Kribbeln in den Armen, fühle mich Mc Seltsam.

Zweiundzwanzig Minuten später kaut er immer noch an der Riesenportion, ehe er sich zum Autofenster hinaus übergibt.

Tag 3: Spurlock klagt erstmals über Magenbeschwerden. Er spricht von einem komischen Gefühl im Unterleib. Und davon, dass sein Penis »so« ... macht. Ohne nähere Angaben.

Tag 5: Das zweite Mal Super Size. An diesem Tag, heißt es, bringe Spurlock bereits 89 Kilo auf die Waage. Fünf Kilo plus in den ersten fünf Tagen. Die Ernährungsexpertin an seiner Seite meint: »Sie nehmen im Schnitt fast 5.000 Kalorien zu sich pro Tag.« Das Doppelte dessen, was er zuvor im Schnitt aufnahm. Die Empfehlung der Diätologin an diesem Tag: »Lassen Sie Schoko Sundae weg!«

Tag 7: Spurlock klagt in die Kamera, seit zwei Tagen Schmerzen in der Brust zu verspüren. Einen merkwürdigen Druck. Und er fragt sich, ob er bereits stinke.

Wir folgen der beklemmenden Erzählung einer extrem übergewichtigen Interview-Partnerin. Neben ihr steht ihre fast noch dickere Teenager-Tochter. Die Mutter spricht von ihren schlechten Genen, davon, dass schon ihr Urgroßvater in einer Klavierkiste habe beerdigt werden müssen.

Dann taucht dieser Begriff auf: toxisches Umfeld.

Dazu ein Interview mit Kelly Brownell, Doktor der Philosophie. Er sagt: »Das Umfeld, in dem wir essen und uns bewegen, ist toxisch. Und macht uns zwangsläufig krank.«

Und weiter: »Nicht alle Menschen werden krank. Aber die Zahl der Kranken wächst und wächst. Der Begriff toxisch ist angemessen, denn die Fettsucht-Epidemie hat sechzig Prozent der Bevölkerung erfasst, darunter mehr Kinder denn je. Das nenne ich Krise.«

Das toxische Umfeld besteht darin,
dass man immer und überall billiges,
fettiges Essen bekommt.

Tankstellen würden in den USA oft mehr Limonade verkaufen als Benzin. Zig Millionen Getränkeautomaten überschwemmen das Land. Pro 97 Amerikaner gibt es einen.

Die zweite Woche

Tag 9: Spurlock zeigt einen *McDonald's*-Enthusiasten der Extraklasse. Er meint, der erste Big Mac seines Lebens wäre so gut gewesen, dass er noch am selben Tag dreimal gekommen sei. Allein im ersten Monat seiner entflammten Leidenschaft habe er 265 Stück verdrückt. Seither esse er aber nur zwei pro Tag. Neunzig Prozent seiner täglichen Nahrung bestehe aus Big Macs. Und: Er träume manchmal von einem Big-Mac-Smoothie.

Spurlock selbst sagt an diesem Tag: »Kein gutes Allgemeingefühl.«

Tag 10: Im Zusammenhang mit dem Salat-Shaker fällt erstmals auch der Begriff des Maissirup (eine der Zucker-Wunderwaffen der Fast-Food-Industrie im Kampf um Kunden und darum, sie bei der Stange zu halten. Ich werde Ihnen noch ausführlich davon erzählen).

Spurlock ist inzwischen vom sportlichen Mittdreißiger zum faulen Couch-Potato mutiert. Er liegt ausgestreckt da, sagt:

»Das ist der beste Moment des Tages.
Ich und mein Coke auf dem Bett.«

Tag 12: Der erste Bluttest. Die Diätologin rät nun, die Softdrinks wegzulassen.

Schon 10 Prozent Gewichtsverlust bei zu dicken Menschen würde für Besserung sorgen. Andersrum allerdings ebenso. Spurlock hat mittlerweile acht Kilo mehr an den Rippen, fast zehn Prozent mehr als noch vor weniger als zwei Wochen.

Tag 13: Die Kernbotschaft an diesem Tag ist die Antwort einer *McDonald's*-Verkäuferin auf die Frage, wie viele Kunden die angebotene Super-Size-Option tatsächlich annehmen:

»Fünf von fünf.«

Tag 14: Gene Grabowski, der Sprecher der GMA, tritt erstmals auf den Plan, meint, man müsse eben den Sportunterricht fördern, um das Dickenproblem in den Griff zu kriegen.

Der Lehrer einer staatlichen Schule ist zu hören: »Bei uns gab es nie ein Gesundheitssystem. Bei uns gab es immer nur ein Krankheitssystem.«

Es folgt eine Straßenumfrage. Bei meinen Überlegungen und Recherchen zu diesem Buch bin ich auf eine ähnliche Befragung gestoßen, bloß aus der allerjüngsten Zeit und aus Europa. Es besteht nun kein Grund, verächtlich nach Westen zu blicken, denn ihr Ergebnis war um nichts schmeichelhafter als jene unter wahllos herausgepickten Amerikanern, die Morgan Spurlock im Film präsentiert.

Seine Frage lautet: Was ist eine Kalorie?

Einige wissen zumindest, dass es irgendwie mit Ernährung zu tun hat. Die meisten allerdings nicht. Die richtige oder auch nur annähernd richtige Antwort bleibt aus, nämlich:

Eine Kalorie ist die Maßeinheit für Energie in der Nahrung. Oder: Eine Kalorie ist die Menge Energie, die nötig ist, um einen Liter Wasser um ein Grad Celsius zu erwärmen.

Stoppen wir den Film hier erneut.

Klar, man muss wirklich nicht unbedingt wissen, wie eine Kalorie definiert ist, um gut durchs Leben zu kommen. Viel wichtiger zu wissen ist, dass einem Kilogramm Fettgewebe circa 7.000 Kilokalorien entsprechen.

Um dieses eine Kilogramm Fett wieder abzubauen, müsste man täglich fünfzehn Minuten joggen. Sieben Wochen lang.

Eine einleuchtende Erklärung, warum es vielen von uns so schwerfällt, Gewicht allein durch Bewegung abzubauen, ohne die Ernährungsgewohnheiten zu ändern. Und warum im Kampf gegen zu viele Kilos kurzfristige Bewegungsprogramme mehr oder weniger zum Scheitern verurteilt sind.

Hier, bei dieser so entscheidenden Frage nach Verantwortung, kommen *McDonald's* und Co. gebetsmühlenartig mit diesem Satz daher:

»Bewegt euch mehr, dann ist Fast Food kein Problem.«

Genau das ist jedoch das Problem. Genau dieses Totschlagargument, mit dem die Fast-Food-Industrie ihren Kunden in punkto Übergewicht die alleinige Schuld in die Schuhe schiebt.

Weil es eben nicht so ist.

Dazu eine US-Studie[2], die erstmals im September 2012 veröffentlicht, seither von anderen Instituten in ähnlicher Form wiederholt wurde. Anne McTiernan von der Universität in Washington hat diese erste Testreihe geleitet. Schwer übergewichtige, also adipöse Männer und Frauen im Alter von 40 bis 75 Jahren, wurden für ein Langzeitprogramm gewonnen. Langzeit bedeutet ein volles Jahr.

Sie sollten einerseits ihre Ernährungsgewohnheiten nicht ändern, andererseits sehr wohl ihre tägliches Bewegungs-

2 https://www.ncbi.nlm.nih.gov/pubmed/17557987

pensum. Oder eben von bisher Nicht-Bewegung auf Bewegung. Je nach Fitnessgrad und allgemeiner Verfassung mit moderatem oder etwas intensiverem Aerobic. Natürlich wurde eine gleich große Kontrollgruppe untersucht mit Menschen, die ganz ähnliche Voraussetzungen mitbrachten, aber alles so beließen, wie es immer war.

Nach zwölf Monaten lagen die Ergebnisse vor. Der Gewichtsverlust betrug im Schnitt

- bei den Frauen 1,4 Kilogramm
- bei den Männern 1,8 Kilogramm.

Klarer könnte der Beweis kaum sein: Allein mehr Bewegung hilft so gut wie gar nicht, Gewicht abzubauen. Nicht solange die Nahrung weiterhin auf jenen drei Dickmacher-Säulen ruht, mit denen die Fast-Food-Industrie ihr Geschäft macht:

Zucker.

Fett.

Salz.

Dazu noch jede Menge künstlich erzeugte Phosphate, also Konservierungsstoffe.

Wer zahlt, der pachtet die Wahrheit

Noch eine Bemerkung zu den Studien, die ich für Sie in diesem Buch zusammengetragen habe. Es gibt sie (als leidgeprüfte, oft verunsicherte Konsumenten wissen wir es nur zu gut) wie Sand am Meer. Zu ein und demselben Thema sagt die eine Studie heute A, die nächste morgen B, eine dritte übermorgen C. Es ist dann beinahe wie in dem alten Medizinerscherz:

Drei Ärzte, vier Meinungen.

Manche Studien, auf die ich mich beziehe, mögen bereits vor ein paar Jahren erstellt worden sein, doch meine Kriterien waren, sie nach bestem Wissen und Gewissen zu wählen, insbesondere in punkto Glaubwürdigkeit, Gültigkeit, Bekanntheitsgrad. Einige dieser Studien sind bisher kaum publik, doch inhaltlich topaktuell. Die allermeisten allerdings sind ohnedies sehr jungen Datums, manche überhaupt erst wenige Wochen alt.

Apropos Glaubwürdigkeit: Eine hochinteressante Studie über Studien, eine Meta-Studie also, zeigt am Beispiel zuckergesüßter Getränke und deren Rolle bei Adipositas auf, woher der Wind der Industrie weht. Sie bestätigt, was wir ohnehin wissen oder fühlen. Nämlich dass sehr viele wissenschaftliche Arbeiten gekauft sind, oder in »finanziellem Interessenskonflikt« stehen. Weil da ein Wissenschaftler plötzlich in einem Aufsichtsrat auftaucht, wo er nichts zu suchen hat, oder dort einer in irgendeinem anderen Gremium. Oder der Ehepartner, nahe Verwandte. Oder weil Forschungs-Etats aus Quellen fließen, die besser nicht angezapft würden.

Das Ergebnis der Meta-Studie aus 2013 *A Systematic Review of Systematic Reviews*[3] ist beispielgebend für eine Vielzahl von

---

3 https://journals.plos.org/plosmedicine/article?id=10.1371/journal.pmed.1001578

Themen, wo ebenfalls mächtige Industrien mitnaschen, ist vernichtend.

Bei weit mehr als achtzig Prozent der Studien ohne nachweisbaren Interessenskonflikt kam die Zuckerindustrie sehr schlecht davon. Bei jenen mit zweifelhafter Finanzierung oder anderen Verstrickungen war es genau umgekehrt. Weit über 80 Prozent sprachen die Zuckerindustrie frei von jeder Verantwortung.

Anders ausgedrückt: Die Wahrscheinlichkeit, dass Studien mit problematischem Image für die Industrie enden, ist mehr als fünfmal so hoch wie wenn der Hintergrund der Finanzierung ein neutraler wäre.

Das liest sich dann ungefähr so: »...konnten zuckergesüßte Getränke mit Gewichtszunahme und Adipositas nicht assoziiert werden.«

Dazu ein Beispiel aus der jüngsten Vergangenheit, aufgezeigt in einem Bericht der *New York Times*[4]. Er betrifft den Getränkeriesen *Coca-Cola* und zeigt eindrücklich, wie sehr überaus renommierte Forscher sich von der Industrie instrumentalisieren lassen. Dabei wird sinngemäß die Parole ausgegeben:

Holt diese Forscher an Bord, um gleich die gesamte Wissenschaft zu verwirren, und lenkt die Aufmerksamkeit weg von der Ernährung!

---

4 https://well.blogs.nytimes.com/2015/08/09/coca-cola-funds-scientists-who-shift-blame-for-obesity-away-from-bad-diets/

Coca-Cola ist weltweit die Nummer 1 bei der Herstellung gezuckerter Softdrinks. Als die Verkaufszahlen zu sinken begannen und obendrein die Diskussion aufkam, zu stark gezuckerte Getränke mit einer Extrasteuer zu belegen (was mittlerweile in einigen Ländern auch der Fall ist, dazu später noch mehr) machte es der Konzern wie *McDonald's* und andere auch: Er schob den Übergewichtigen und Fetten in aller Welt die Schuld zu.

Das altbewährte Erklärungsmuster, von dem wir gerade gehört haben: »Bewegt euch mehr! Dann könnte ihr Cola trinken oder gesüßtes Soda, soviel ihr wollt!«

Weil die Menschen diese Botschaft einem Sprecher von Coca-Cola jedoch nicht ohne weiteres abnehmen würden, läuft die Sache bedeutend raffinierter. Eine Nonprofit-Organisation wird vorgeschoben.

Global Energy Balance Network.

Das klingt doch schon nach Ausgleich und vernünftigem Energiehaushalt, oder? In Wirklichkeit ist es eine Vorfeld-Organisation des Softdrink-Riesen, wie die renommierte US-Ernährungsexpertin Marion Nestle (sie hat nichts mit dem Nestlé-Konzern zu tun) einmal sagte.

Global Energy Balance Network wird auf den Sozialen Medien aktiv. Ein Video geht online. Der da spricht, ist kein Niemand. Es handelt sich um Dr. Steven N. Blair, Professor an der University of South Carolina. Er ist nicht nur Vize-Präsident der neu gegründeten Organisation, für die er sich ins Zeug legt, sondern kann auf echte Reputation verweisen, die er sich über die Jahrzehnte hart erarbeitet hat. Doktor Blair ist einerseits Mitgründer des *National Weight Control Registry*, einer anerkannten Langzeitstudie zu Menschen, die mit System Gewicht reduziert haben. Andererseits war er für diverse US-amerikanische Institute tätig, und er wirkte sogar in unterschiedlichen Komitees der World Health Organisation mit, der WHO also. Die Amerikanische Gesellschaft für Ernährung hat Dr. Steven N. Blair überhaupt diesen Ehrentitel verliehen:

Ein Führer im Kampf gegen die globale Adipositas-Epidemie.

Der Text, den der Wissenschaftler im Video aufsagt, lautet: »Meist liegt der Fokus von Massenmedien und der Wissenschaftspresse darauf: Oh, die Menschen essen zu viel. Essen zu viel. Essen zu viel – sie beschuldigen Fast Food, sie beschuldigen Zuckergetränke. Und so weiter ... dabei gibt es wirklich keinen zwingenden Beweis, dass dem so ist.«

Das zu behaupten, ist noch nichts Ehrenrühriges. Auch wenn damit die Botschaft einhergeht, körperliche Betätigung könnte jeden noch so gravierenden (natürlich rein theoretischen Nachteil) von Zuckergetränken und Fast Food ausgleichen. Weil es bloß eine Frage der Selbstdisziplin wäre, ob ein Mensch schlank bleibt oder an seinem Körperfett leidet und sogar zugrunde geht. Selbst wenn das, siehe oben, empirisch längst widerlegt ist.

Wirklich problematisch wird die Angelegenheit bei einem Blick auf die Strukturen sowie Förderer des *Global Energy Ba-*

lance Network. Bereits Jahre vor Gründung der Organisation hat Coca-Cola Millionen Dollar in Projekte gesteckt, die mit zwei Gründungsmitgliedern des Netzwerkes eng verbunden sind. Einer davon ist Dr. Blair.

Die Website der Organisation (gebn.org) ist auf die Adresse der Coca-Cola-Zentrale in Atlanta registriert. Auch als Administrator scheint Coca-Cola auf. Darauf angesprochen, meinte der Präsident des *Global Energy Balance Network*, Professor James O. Hill, Coca-Cola sei mehr oder weniger freundlicherweise eingesprungen, weil keines der Netzwerk-Mitglieder wüsste, wie man das anstellt. Das Betreiben einer Website.

Die Wissenschafts-Sprecherin des Konzerns lehnte mehrfache Interview-Anfragen der *New York Times* ab. Stattdessen gab es eine Presseerklärung. Darin wird auf die große Tradition verwiesen, die *Coca-Cola* in Sachen Forschung hat. Wie auch in Sachen Finanzierung und Transparenz. Außerdem wird auf diverse unabhängige Studien verwiesen. Als Fußnote ist da wie dort zu lesen:

The publication of this article was supported by the Coca-Cola Company.

Seitens des *Global Energy Balance Network* hielt man sich mit dem Namen *Coca-Cola* als wissenschaftlichem Mäzen überhaupt sehr bedeckt. Beispielsweise bei einem Report zum Thema Fettleibigkeit, der auf Twitter und Facebook stark gepusht wurde. Nicht nur, dass (ganz auf Linie) das Augenmerk des Berichtes auf mehr Bewegung gelegt wurde und die Rolle der Ernährung beinahe totgeschwiegen, schien auch der Name *Coca-Cola* unter den finanziellen Förderern nicht auf. Ebenso wenig auf der Website des Networks.

Als ein Adipositas-Experte der Universität Ottawa darauf aufmerksam machte, hieß es: »Ein Irrtum, der sofort korrigiert wurde.« Und weiter: »Sind wir deshalb gleich in allem, was wir tun, korrupt?«

Was meinen Sie?

Dieselbe Art von fruchtenden Partnerschaften mit der Wissenschaft schließen auch der Lebensmittelriese *Kraft Foods* (seit der Fusion mit *Heinz, The Kraft Heinz Company*), *Pepsi Cola, McDonald's* und viele andere. Die *American Society for Nutrition* und die *Academy of Nutrition and Dietetics* haben es längst aufgezeigt.

Die Taktik des Getränkeriesen, in der Fachwelt anerkannte, idealerweise auch einer breiten Öffentlichkeit bekannte Forscher für die sehr eigenen Ziele einzuspannen, ist natürlich nicht neu. Schon die Tabakindustrie hat das lange zuvor mit großem Erfolg praktiziert. Ein Vergleich, der übrigens auch in *Super Size Me* angesprochen wird.

Damit zurück zum Film.

Die dritte Woche

Wie geht es dem Versuchskaninchen inzwischen, gegen Halbzeit seiner 30-Tage-nichts-als-*McDonald's*-Spezialdiät?

Tag 17: Spurlocks Freundin will wissen, warum er das ihrer Meinung nach süchtig machende Fleisch so gerne isst. Oder eben Speck. Oder Schinken.

»Heroin und Schinken sind in völlig unterschiedlichen Kategorien zuhause«, gibt das Versuchskaninchen wieder. »Schinken und Heroin sind nicht dasselbe. Nach tagelangem Schinkenrausch geht es mir ordentlich.«

Wir sehen, wie seine Freundin ihm an die Stirn greift. Sie schildert sein angebliches Wohlbefinden gemäß ihrer Wahrnehmung: »Er ist abends völlig erschöpft, kommt fertig von der Arbeit heim ... aufgedreht von all dem Koffein und Zucker ... Wenn wir Sex haben, wird er schnell müde ... Er hat ziemliche Probleme, einen hochzukriegen.«

Tag 18: Spurlocks Erkenntnis zum Tag lautet:

Mein Körper hasst mich jetzt offiziell.

Die Diätologin schenkt nach. »Ihre Vitamine«, sagt sie, »sind jetzt bereits fünfzig Prozent unter dem Soll.« Er nehme zwar jede Menge Kohlenhydrate zu sich, aber nur raffinierte, solche, die speziell in Zucker und industriell verarbeitetem Getreide zu finden sind. In seinem Fall in Burger-Laibchen, Biskuit, Hash Browns. Leere Kalorien werden sie auch genannt. Effekt: Sie führen zum schnellen Anstieg des Zucker- und Insulinspiegels im Körper.

Die übelsten Kohlenhydrate von allen jedoch, so die Expertin, seien die im Coke und in den Milchshakes. Keinen (oder nur sehr wenig) Zucker würden überhaupt nur sieben Produkte auf der Speisekarte enthalten: Pommes, Chicken McNuggets, Hash Browns, Burger, Cola Light, Kaffee, Eistee. Wobei wenigstens die Softdrinks als Zuckerersatz nur so vor Süßstoff strotzen. Aber das ist eine andere Geschichte, die ich Ihnen auch noch erzähle.

Gegen Ende dieser dritten Woche jedenfalls ist der Insulinspiegel Spurlocks um sechzig Punkte nach oben geschossen, von 165 auf 225. Beim Blutdruckmessen stellt sich auch heraus: Der Patient leidet an erhöhtem Blutzucker, erhöhtem Insulin und zugleich Blutarmut.

Dafür hat er überraschenderweise ein Kilo Gewicht verloren. Die Freude kommt zu früh, seine Diätologin meint: »Sie können ebenso gut Muskelmasse verloren und durch Fett ersetzt haben.« Vor drei Wochen war sein Bauch noch stramm, jetzt schwabbelt er, wenn sie mit der Hand drüberfährt.

Ein vierter Arzt, der nicht zum Betreuerstab zählt, kommt zu Wort. Eine Leber, die entzündet oder irgendwie krank sei, meint er, gebe einige Enzyme in die Blutbahn ab. Dann:

»Das ist etwas unspezifisch, aber Ihre Leber ist jedenfalls krank. Wahrscheinlich haben Sie eine Fettleber. Ihre Leber ist jetzt wie eine Pastete.«

Spurlocks Leberwerte haben sich, so der Mediziner, verzehnfacht. Und, auf die 30-Tage-Spezialdiät anspielend: »Würde man das seiner Leber mit Alkohol antun, würde man sich ruinieren. Die Leberzellen würden absterben, es käme zum Leberversagen. Ich kenne niemanden, der das seiner Leber durch eine Fettdiät angetan hätte. Es ist wohl möglich, aber ich habe das noch nie gehört, dass jemand seine Leber durch fettiges Essen zerstört hat.«

Spurlock will wissen, ob ihm genau das in den noch verbleibenden Tagen passieren könne.

Der Mediziner ist sichtlich verunsichert. »Ich würde Ihnen raten, mit dieser ungesunden Sache aufzuhören. Sie sind krank und werden kranker.«

Was wir obendrein erfahren: Jedes fünfte Kind, das von Fettleibigkeit betroffen ist, hat bereits Leberfunktionsstörungen. Unter dem Mikroskop untersuchte Gewebeproben haben das gezeigt. Die Hälfte dieser Kinder hat Fibrose, das heißt, dass Narbengewebe die Leberzellen allmählich ersetzt, jedoch nicht deren Funktion übernimmt. Bis zu einem gewissen Grad kann die Fibrose durch veränderten Lebensstil gestoppt werden, rückgängig zu machen sind die einmal angerichteten Schäden allerdings nicht. Fibrose gilt somit als Vorstadium von Leberzirrhose. Bei Kindern, die auch im Erwachsenenalter so weitermachen wie bisher, führt die Zirrhose mit großer Wahrscheinlichkeit zum Leberversagen. Mit diesen Folgen:

Lebertransplantation oder Tod.

Morgan Spurlocks Mutter, ebenfalls ziemlich besorgt, ist am Telefon zu hören. Sie tut, was Mütter eben so tun. Sie bietet ihrem Sohn für den Fall des Falles ein Stück von ihrer Leber an.

Tag 21: Spurlock klagt in der Nacht über Herz-Rhythmus-Störungen. Stunden später beim EKG findet der Hausarzt vorerst keine Erklärung dafür. Dann aber spricht er auch er die Leber seines Patienten an.

»Ihre Werte sind einfach nur katastrophal … hören Sie auf damit, Sie zerstören Ihre Leber. Ihre Leber liegt am Boden, und Sie treten weiter auf sie ein.«

Sein Harnsäurespiegel habe sich erhöht. Das führe, so der Mediziner, zu Hyperurikämie. Dadurch entstünden Gicht und Nierensteine.

Und zu den Schmerzen, über die Spurlock klagt, sagt er: »Strahlt der Schmerz in die Kiefer oder den Arm aus, ist das lebensbedrohlich. Und zwar unmittelbar. Dann rufen Sie mich oder den Notarzt.«

Die Realität hat die Prognose des Allgemeinmediziners vor dem Experiment bezüglich etwaiger Folgen inzwischen um Dimensionen überschritten.

Das Finale der Spezial-Diät

Tag 22: Der Film stellt in knappen Sätzen die Rolle der Lobbyisten der Nahrungsmittelbranche dar. Sie seien nur aus zwei Gründen in Washington.

1. Sicherstellen, dass keine Behörde empfiehlt, weniger Produkte dieser Firma zu verzehren.
2. Sicherstellen, dass die Regierung kein nachteiliges Gesetz verabschiedet, sondern die Gesetzgebung im Sinne der Konzerne gestaltet.

Kommt uns bekannt vor. Nichts anderes geschieht schließlich bei uns in der Europäischen Union. Oder sonstwo auf der Welt. Dann ist die Rede vom Doppelschlag durch Fast-Food-Industrie und Medien. Dass sie gemeinsam die größeren Waffen hätten.

Als ich das höre, kann ich unweigerlich nicht anders als zu denken:

Ja, Fast Food ist genau das. Eine Massenvernichtungswaffe.

Gene Grabowski von der GMA tritt zum zweiten Mal auf und liefert nun seinen peinlichen »Wir sind Teil des Problems … äh, der Lösung«-Versprecher.

Tag 27: Der Filmemacher rechnet vor: »Ich habe jetzt so viel *McDonald's* gegessen, wie man gemäß den Durchschnitts-Empfehlungen von Ernährungsexperten in acht Jahren essen sollte.«

Das ergänzt eine Befragung von hundert Ernährungs-Profis, die zuvor, gegen Ende der dritten Woche, präsentiert worden ist. Als Reaktion auf das Verbot eines Werbeplakats in Frankreich, das gegen *McDonald's* Stimmung machte. Man soll, hieß es, höchstens einmal pro Woche zu den Golden Arches gehen.

Damals war ich nicht nur Geschäftsführer für *McDonald's* Österreich, sondern auch auf europäischer und globaler Ebene für den Konzern tätig. Als Vorsitzender des europäischen Human-Resources-Boards, als oberster Personalverantwortlicher also, und obendrein saß ich im World Council für Personalangelegenheiten, in das jeder Kontinent einen Vertreter entsandte.

Das angesprochene Werbeverbot in Frankreich im Jahr 2002 hatte *McDonald's* unter anderem mit dieser Argumentation erreicht: Das sei nur eine Meinung (nämlich die einer Vereinigung von Ernährungswissenschaftlern). Die überwiegende Mehrheit aller Ernährungswissenschaftler jedoch fände, dass *McDonald's* durchaus Bestandteil einer gesunden Ernährung sein könne.

Kommt Ihnen das Argument bekannt vor?

Morgan Spurlock jedenfalls greift diesen Faden in seinem Film auf. Er will sehen, was es mit dieser angeblich überwiegenden Mehrheit auf sich hat. Also befragt er insgesamt hundert Ernährungsexperten in aller Welt: Kann Fast Food von *McDonald's* Teil einer gesunden, ausgewogenen Ernährung sein? Sollen die Menschen hingehen?

Nur zwei dieser hundert meinen, der Mensch würde Fast Food zweimal pro Woche und auch öfter problemlos vertragen. Achtundzwanzig von hundert sagen: Ein bis vier Mal pro Monat ist okay. Fünfundvierzig sagen: Am besten nie.

Fünfundneunzig von hundert sagen: Fast Food trägt maßgeblich zur Fettsucht-Epidemie bei.

Spurlock enthält uns natürlich auch die launigste aller Antworten nicht vor: »Wenn man auf einer einsamen Insel landet oder mit Anthrax bombardiert wurde ... dann vielleicht.«

Inzwischen hat Spurlock mehr als ein Dutzend Mal versucht, eine Stellungnahme von *McDonald's* dazu zu erhalten, was seine Recherchen und Dreharbeiten bisher zutage gebracht haben. Einen Rückruf oder eine andere Antwort erhält er nicht. Auch nach Ausstrahlung des Films nicht.

Tag 29: Die Diätologin steht im Kampf gegen die systematische Kontaminierung ihres Schützlings bereits mit einer speziellen Entgiftungs-Diät bei Fuß. Den Schwerpunkt hat sie auf nährstoffreiche Kost gelegt. Auf saisonales, frisches Bio-Essen. So viel Gemüse wie möglich soll rein in Spurlocks Körper nach dem Tag X, um ihn zu entschlacken.

Tag 30: Der letzte Bluttest. Gemessen an den bereits verheerenden Werten hat Spurlocks Körper sich etwas erholt. Seine Ärzte sehen das jedoch gar nicht optimistisch.

»Ich bezweifle, dass sich diese Werte normalisieren.«, sagt sein Hausarzt.

»Der Rückgang ist nur gering.«, sagt der Magen-Darm-Spezialist.

Die Kardiologin wiederum spricht von »Leberentzündung und Leberverhärtung«.

Spurlocks Resümee nach einem Monat *McDonald's*-Marathon:

- Ich habe elf Kilo zugenommen
- Meine Leber ist verfettet
- Mein Cholesterin ist um elf Punkte nach oben geschossen
- Mein Körperfett stieg von 11 auf 18 Prozent, liegt aber immer noch unter dem nationalen Durchschnitt von 22 bei Männern und 30 bei Frauen
- Mein Risiko, eine Herzgefäßerkrankung zu bekommen oder einen Herzinfarkt, hat sich fast verdoppelt
- Erschöpfung, Depressionen, Stimmungsschwankungen, am Schluss kein Sexualleben mehr
- Ich war süchtig nach diesem Essen und bekam Kopfschmerzen, wenn ich es nicht mehr aß

Blitzbilanz zur Nahrungsaufnahme nach dreißig Tagen mit neun Mal Super Size:

- vierzehn Kilogramm Zucker gegessen, dazu
- sechs Kilogramm Fett

Das Resümee der Ärzte fällt so aus:

- Man muss Fast Food stark einschränken. Man muss es ausgleichen mit viel gesundem Essen und Bewegung.
- Es ist billiges Essen, das kurzzeitig sattmacht und sich somit auszahlt. Aber man schädigt dadurch Herz, Leber und Blut.

- Es gibt keinen Grund, warum Fast Food so eklig sein muss. Es könnte nahrhaft sein.

Tatsächlich ist es so, dass Morgan Spurlock noch geraume Zeit mit den Folgen des Experiments zu kämpfen hatte. Einerseits benötigte er vierzehn Monate, um die angefressenen Kilos wieder wegzubekommen, andererseits vermutete er überhaupt, seinen Körper dauerhaft geschädigt zu haben. Denn er beobachte, seither wesentlich schneller zuzunehmen:

»Die Fettzellen sind noch da und warten nur darauf, gefüttert zu werden.«

Als *Super Size Me* in die Kinos kam, war die Klage der beiden Mädchen gegen meinen Arbeitgeber längst abgehandelt. Sie war da bereits, medial wenigstens, ein alter Hut. Im Jänner 2003 hatte der New Yorker Richter Robert Sweet (nach sechs Monaten Bedenk- beziehungsweise Beratungszeit) so entschieden:

Klage abgelehnt.

Begründung: »Wenn die Konsumenten die möglichen Gesundheitsgefahren kennen, können sie *McDonald's* nicht beschuldigen, wenn sie ihren Appetit dennoch mit einer übermäßigen *McDonald's* Mahlzeit stillen.«

Voll auf Linie mit der Fast-Food-Industrie also. Die Justiz wollte sich die Folgen bei einem anderen Prozessausgang nicht antun. Die Klageflut in den USA wäre unüberschaubar gewesen. Die Anwälte der zwei Mädchen könnten allerdings, ergänzte der Richter, jederzeit wieder Klage einreichen. Falls es ihnen gelingen sollte, bisher weithin unbekannte Gefahren von Big Macs oder Pommes nachzuweisen.

Prozess hin, Urteil her. *Super Size Me* wurde zu einem Kassenschlager. Bald darauf hieß der Sprecher der GMA nicht länger Gene Grabowski. Mister »Wir sind Teil des Problems« machte trotzdem weiterhin gut Karriere.

Doch was bedeutete der mediale Rummel nach dem Film für uns in Europa? Für uns Landes- und Regionen-Chefs? Für unsere zigtausenden Mitarbeiter? Was für den Konzern an sich? Bedeutete es überhaupt etwas? Welche Reaktionen gab es nach außen? Welche nach innen? Welche Folgen? Gab es überhaupt welche? Stimmte das alles? Wenigstens Teile davon? War dieser Aktionismus auch nur ansatzweise ernst zu nehmen? Sollten, mussten wir uns ernsthaft Sorgen machen darüber, was da über die Leinwand flimmerte?

Der Spirit der Sieger

Zur Erinnerung:

> *Da ist einer, der reibt sich an dem Namen McDonald's. Der will mit dieser Art von Aktionismus reich und berühmt werden ... Nichts als das krankhafte, zweifelhafte Experiment eines Wichtigtuers. Ohne Bezug zur Realität. Ohne einen Funken Glaubwürdigkeit.*

Wenn Sie nun annehmen, dies wäre die offizielle Meinung, sozusagen das Wording, das (wie in Weltkonzernen nicht unüblich) von oben herab diktiert wurde, dann liegen Sie von Grund auf daneben. Es entspricht vielmehr dem, was wir alle empfanden. Was untereinander kommuniziert wurde, wenn die Sprache auf den Film kam. Es war unsere tiefste Überzeugung, ohne dass wir uns dazu zwingen mussten.

Also gab es auch keinerlei Vorgaben von oben im Umgang damit. Keinerlei Zensur. Wozu Zensur, wenn es nichts zu zensurieren gab?

Reaktionen kamen natürlich. Nach längerem Schweigen. Eine besonders bemerkenswerte bestand aus einer Werbeanzeige in den wichtigsten Tageszeitungen Großbritanniens. Das war im August desselben Jahres. Die Anzeige sagte sinngemäß in Richtung aller Fast-Food-Kunden:

Es mag Sie überraschen, doch wir begrüßen die Kernaussage von *Super Size Me*. Dieser Film, in dem ein Mann dreißig Tage Burger isst und stark zunimmt und seine Gesundheit schädigt, sodass seine Ärzte ihm dringend raten, damit aufzuhören. Wir begrüßen das Argument, dass es schlecht für Sie ist, wenn Sie zu viel essen und zu wenig tun.

Man könnte meinen, es mit einer Werbekampagne für den Kinostart auf den britischen Inseln zu tun zu haben, der wenige Wochen danach folgte. Tatsächlich hatte *McDonald's* die Anzeige geschaltet. In der Psychologie nennt man ein ähnliches Vorgehen eine paradoxe Intervention.

Dann wurde die *McDonald's*-Sprecherin Amanda Pierce vor den Vorhang geholt, die das Inserat so kommentierte: »Wir wollten damit sicherstellen, dass es eine ausgewogene Debatte gibt. Damit die Menschen auch unsere Seite der Story hören.«

Es gab auch keine Klage gegen Filmemacher Spurlock. Stattdessen wurde diese Taktik angewandt:

Problem kleinreden, Feind schlechtmachen.

Er ist ein Schmarotzer. Als solchen stellen wir ihn hin. Nach außen anpatzen, wo es nur geht. Motto: Wenn der mich anpatzt, patze ich ihn auch an. Die niederen Motive des Gegners offenlegen. Ihn solange öffentlich diskreditieren, bis seine Geschichte sich in Luft auflöst. Bis nichts von ihr übrigbleibt. Und von ihm am besten auch nicht.

Klar, dass in den einzelnen Landes- oder Regionalzentralen in den jeweiligen Abteilungen für Kommunikation irgendwelche Positionspapiere ausgearbeitet und ausgetauscht wurden. Welcher Konzern würde das nicht tun? Nennen wir es meinetwegen Krisensitzungen im kleinen Kreis, wo Argumentationsleitfäden entwickelt wurden. Doch es war nicht nötig, diese Fäden großartig auszurollen und irgendwelche Botschaften im großen Stil zu streuen. Den Mitarbeitern musste weder ein Maulkorb erteilt noch top-down nahegelegt werden, was sie zu sagen, zu denken hatten. Und vor allem, was nicht.

Die einheitliche Linie schuf sich selbst. Das war das Resultat des Spirits, der damals bei *McDonald's* wehte. Logisch, dass es Diskussionen gab rund um den Film. Doch es erhoben sich so gut wie keine Gegenstimmen. Auch nicht hinter vorgehaltener Hand. Der einhellige Tenor lautete vielmehr:

Wir lassen uns von einem Dahergelaufenen nicht in die Suppe spucken. Kein Wunder, dass der Kerl so zunimmt und in derartige Zustände gerät. Wer vierzehn Tage lang nur Schweinsbraten mit Knödel isst, wird auch alle Zustände bekommen.

Kein Mensch geht jeden Tag zu *McDonald's*, sagten wir uns. Wer ab und zu einmal kommt, dem macht das gar nichts. Das kann nicht sein. Außerdem sagten wir uns: Jeder kann frei wählen. Niemand muss das essen. Wir haben auch sehr gesunde Alternativen. Mineralwasser. Apfelsaft. Salat.

Ja, das interne Selbstverständnis ging sogar soweit, dass diese Meinung vorherrschte:

Fast Food von McDonald's ist geeignet, Teil einer ausgewogenen Ernährung zu sein. Jede Form von Einseitigkeit lehnen wir entschieden ab.

Das war nichts als Doppelmoral. In Wirklichkeit taten wir nämlich so ziemlich alles für die Einseitigkeit. Alles, damit die Leute so oft wie möglich kamen. Am besten jeden Tag. Wie der Freak im Film, der es in seinem Leben nach eigenen Angaben damals bereits auf mehr als 10.000 Big Macs gebracht hatte.

Intern (wie in *Super Size Me* angesprochen) teilten wir auch hier in Europa die Kunden in unterschiedliche Kategorien. Diese beiden waren die wichtigsten:

1. *Heavy User:* Menschen, die mindestens einmal pro Woche oder öfter kamen (damals, 2004, waren das mehr als 70 Prozent aller Kunden), und
2. *Super Heavy User:* Menschen, die mindestens dreimal pro Woche oder öfter kamen (22 Prozent aller Kunden, also jeder Fünfte).

Nur ein verschwindend geringer Teil der *McDonald's*-Kunden kommt tatsächlich alle heilige Zeiten mal. Fast alle sind Stammkunden, fast alle Heavy oder Super Heavy User. Und: Nur ein verschwindend kleiner Teil greift ausschließlich oder hauptsächlich zu Salat und Mineralwasser.

Mehr als 90 Prozent wählen bewusst Burger, Pommes und gezuckerte Softdrinks, Shakes oder Eis. Die entscheidende Frage ist, wie bewusst das wirklich geschieht. Wie frei die Menschen in ihrer Wahl sind. Oder wie fremdgesteuert.

Außerdem ist selbst der Salat, genau genommen das Dressing, ein Dickmacher und alles andere als gesund. Der Chicken Caesar Salat Crispy etwa bringt es auf 374 Kalorien. Ein Erwachsener sollte bei durchschnittlichem Energiebedarf an die achtzig Gramm Fett zu sich nehmen. Der doch verhältnismäßig kleine Salat deckt beinahe ein Drittel davon ab. Das Geheimnis liegt im Dressing.

Das ist überhaupt Kern der Strategie der Fast-Food-Riesen, ob sie nun *McDonald's* heißen oder sonst wie: die Menschen zuhauf mit unwiderstehlichem Geschmack abhängig machen. Mit allen Tricks. Um jeden Preis.

Wir lachten über die Mitbewerber

Marktführer zu sein ist eine Sache. Den Markt bis ins letzte Eck einer Nation so zu dominieren, dass sämtliche Mitbewerber im Niemandsland, im völligen Dunkel weit unterhalb der Wahrnehmungsschwelle bleiben, eine andere.

Wir waren die ungekrönten Könige. Die uneingeschränkten Herrscher. Wir fühlten uns auf eine unwiderstehliche Art allmächtig. Wir waren ja auch tatsächlich, als Kollektiv, aber ebenso jeder Einzelne bis hinab zum kleinsten Burger-Brater in der Filiale, Teil einer unnachahmlichen Erfolgsgeschichte. Gerade in Österreich war dieser Spirit besonders stark zu spüren. Zu meiner Zeit dominierten wir das Burger-Business nicht einfach nur. Wir waren allein auf dem Markt. Neunundneunzig Prozent des Geschäfts gehörten uns.

Wir sahen die kläglichen Versuche der Mitbewerber, sich zu etablieren und lachten darüber. Wenn *Burger King* mit zwei oder drei Filialen Fuß zu fassen versuchte und ewige Zeiten dahindümpelte. Wenn *Subway* vollmundig ankündigte, hundert Standorte aufbauen zu wollen und es am Ende zwei oder drei wurden. Oder wenn *Pizza Hut* nach zwei Jahren überhaupt wieder gänzlich von der Landkarte verschwand. Während wir ein Restaurant nach dem anderen aus dem Boden stampften.

Das ging sehr lange so dahin. Österreich war bald nach der Jahrtausendwende, *McDonald's*-intern, das zweiterfolgreichste Land der Welt. Gleich nach Singapur. Nicht auf die Einwohnerzahl bezogen, sondern auf die Rendite, auf das Verhältnis von eingesetztem Kapital zu Ertrag. Es war unglaublich. Wir belächelten die Mitarbeiter anderer Fast-Food-Firmen. Fast mitleidig.

Der Erfolg macht teilweise auch überheblich. Oder jedenfalls sehr selbstbewusst. Jeder von uns war Teil dieser Sieger-Story. Wir waren eine verschworene Gesellschaft. Fast elitär. Wir arbeiteten bei McDonald's, und wir glaubten an McDonald's. Es herrschte der absolute Corporate Spirit.

Wer hätte da ernsthaft am Geschäftsmodell zu zweifeln gewagt? Wer an den Produkten?

Außerdem hielt der Konzern seine Leute perfekt bei der Stange. Nicht nur uns Bosse mit guten Gagen. Auch jeder Mitarbeiter bekam diesen Corporate Spirit zu spüren. Dieser Spirit wurde gelebt. Durch perfekte Ausbildung. Durch einen perfekten Korpsgeist. Nicht zuletzt auch in Form von regelmäßigen Events, Partys, Jubiläen, die ausgiebig gefeiert wurden.

Hierbei ging es nicht um Zwangsbeglückung des sprichwörtlichen Fußvolkes von oben. Die Events wurden im Gegenteil von allen Seiten eingefordert. Wenn ich daran zurückdenke, wenn ich Ihnen jetzt davon erzähle, gerate ich fast wieder ins Schwärmen. Heute, da ich in der Unternehmensberatung tätig bin, kann ich rückblickend sagen: Ich habe nicht einen einzigen Betrieb kennengelernt, wo so wenig dem Zufall überlassen wird wie bei *McDonald's*.

Dann kamen die Kohorten aus der Zentrale angeflogen

Selbstverständlich hatte *Super Size Me* Folgen für *McDonald's*. Intern und weltweit. Und selbstverständlich wurden sie nicht als Reaktionen auf den Film verkauft, sondern als lange zuvor ausgeklügelte Marketing-Instrumente.

Reaktion Nummer 1 erfolgte bereits, ehe Spurlocks Streifen überhaupt ein breites Publikum erreichte. In den Monaten zwischen Sundance Festival und Kinostart in den USA. Anfang März 2004 titelte BBC News zum Beispiel so:

McDonald's to scrap 'supersizing'

Schluss mit der Option Super Size also. Angekündigt für Jahresende. Und publik gemacht, ehe Spurlocks Botschaft an den Konzern über die Leinwand lief. Die hatte er im Abspann so dargestellt: »Wie wäre es mit einer wirklich verrückten Idee? Verabschiedet euch von Super Size!« Das taten sie auch, denn die Kollegen in der Zentrale rochen den medialen Braten längst, der bald aus dem Ofen gezogen werden würde. In dem BBC-Bericht wurde der Film mit keinem Wort erwähnt.

Die Konzernleitung gab also einem einzelnen Filmemacher und kulinarischen Aktivisten gegenüber klein bei, setzte auf vorauseilenden Gehorsam, der jedoch niemals so daherkommen sollte. Vielmehr sollte er als Zeichen von Verantwortungsbewusstsein der Gesellschaft gegenüber gelten. In Amerika war die Debatte um die Dicken-Epidemie ja bereits in Gang, seit die beiden Mädchen Klage gegen *McDonald's* eingereicht hatten. In England wiederum war sie in Gang, weil John Reid, Staatssekretär für Gesundheitsangelegenheiten, sie vom Zaun gebrochen hatte.

Also hieß es auch bei unserer Konzernmutter offiziell: »Wir sind besorgt wegen der Adipositas-Debatte.« Super Size allein könne aber nicht für Fettleibigkeit verantwortlich sein. Zwar würde die Option der Riesenportion nur einen Bruchteil des Geschäfts ausmachen (0,1 Prozent aller Umsätze), doch wolle man mit gutem Beispiel vorangehen und bestmöglich helfen. Im Sinne der Volksgesundheit. Darum das Aus für Super Size per Dezember 2004. Zugleich, hieß es, sei längst in Planung, verstärkt Produkte mit weniger Kalorien und Fettanteil ins Sortiment zu nehmen. Konkret in den Segmenten Milch, Joghurt, Früchte.

Und dann kamen auf einmal die Kohorten aus Amerika angeflogen zu uns nach Europa. Abgesandte aus der Zentrale. Sie hatten einen Spezialauftrag. Sie mussten akribisch und in allen Ländern auf die Umsetzung dessen achten, was uns zuvor mitgeteilt worden war.

Das war nämlich Reaktion Nummer zwei auf den Film: Das Salat-Plus-Konzept, wie wir es nannten. Premium Salate, die flächendeckend eingeführt wurden und ein gesundheitsbewusstes Konzerndenken in den Raum stellen sollten. Darunter auch, wie am Ende des Films angesprochen, der neue Premium Ranch Chicken Salad. Der hatte jedoch mehr Kalorien als etwa ein Big Mac. Und mit 51 Gramm Fett deckte er allein schon einen Großteil des üblichen Tagesbedarfes eines Erwachsenen an Fett ab.

Ebenfalls 2004, ziemlich genau zum Filmstart im Mai, kam in den USA das sogenannte Go active! Adult Happy Meal auf den Markt. Und, als wäre es der nötige, deftige Ausgleich für ein Zuviel an Gesundheit, der McGriddle. Spurlock nannte ihn im Film so:

»Das bis dahin fettreichste Sandwich.«

Der Kampf um das Weiße-Weste-Image

Die McSaubermann Company

Spätestens jetzt, da Sie an dieser Stelle angelangt sind, liebe Leserinnen und Leser, haben Sie sich bestimmt schon mehr als einmal gefragt:

Warum macht er das?

Warum schreibt ein ehemaliger Spitzenmanager von *McDonald's* dieses Buch? Stellt er sich damit nicht auf eine Stufe mit dem Filmemacher Morgan Spurlock, den er und seinesgleichen belächelt, verspottet, als Wichtigtuer abgetan haben? Jenen Typen, der in den Augen von *McDonald's* bloß mit billigem Aktionismus zu Ruhm gelangen wollte?

Oder ist es ein anderes Motiv? Vielleicht Rache? Rache wofür? Sind sie ihm Geld schuldig geblieben? Haben sie ihn sonstwie beleidigt, übervorteilt? Und: Warum kommt er erst jetzt damit daher, dreizehn Jahre nachdem er, ebenfalls dreizehn Jahre lang, sehr gutes Geld mit der Ware Fast Food verdient hat?

Ich kann Ihnen vergewissern: Es hat nichts mit Schmutzwäsche welcher Art auch immer zu tun. Weder bin ich im Unfrieden von *McDonald's* geschieden, noch werde ich Ihnen jetzt irgendeinen vermeintlich neuen Skandal auftischen. Ich werde Ihnen keine neuen Maus-Burger servieren und auch sonst kein typisches Inside-Buch, das mit Unappetitlichkeiten aufwartet, die immer schon kursiert sind und auf diese Weise eben neue Nahrung erhalten sollen. Etwa der Aufguss jenes sich hartnäckig haltenden Gerüchts, bei *McDonald's* und anderen würden ganze Kühe samt Hufen und Hörnern und Innereien durch riesige Fleischwölfe gedreht und daraus Burger geformt.

Das ist blanker Unsinn. Auch wäre es eines Motivs für ein Buch unwürdig. In all den Jahren habe ich nicht einen Vorfall bei *McDonald's* erlebt, beobachtet, zugetragen bekommen, der als kriminell zu bezeichnen wäre. Jedenfalls nicht nach den Buchstaben herrschender nationaler oder internationaler Gesetze.

In Wahrheit ist es so: Die so genannte *McDonald's*-Familie war über viele Jahre hinweg eine verschworene Gemeinde. Jahrzehntelang ging es immer nur bergauf. Wenigstens bis vor vier oder fünf Jahren. Selbst die BSE-Krise wurde letztlich ohne markante Einbußen überstanden. Auch wenn *McDonald's* zu jener Zeit eingestehen musste, zumindest im vierten Quartal des Jahres 2002 erstmals auf internationaler Ebene rote Zahlen geschrieben zu haben. Dasselbe gilt für das Remmidemmi nach *Super Size Me*. Es gab vielleicht eine kurzfristige Umsatzdelle. Mehr nicht. Das hat einen einfachen Grund:

Dem abhängigen Kunden, dem Heavy User, ist so etwas herzlich egal. Heavy User agieren wie Drogenabhängige. Wer auf Heroin ist, weiß, dass es gefährlich ist, und hört doch nicht auf zu spritzen. Nicht, bloß weil Ärzte warnen oder irgendwo eine Razzia gegen Drogenbosse läuft. Beim Fast Food ist es genauso: Die Selbstregulierung des Menschen funktioniert nicht.

Also waren und blieben wir von *McDonald's* eine Sieger-Truppe durch und durch. Zu schummeln oder gar zu betrügen, indem man gegen geltendes Recht verstieß, war gar nicht nötig. Außerdem war es ein absolutes No-Go. Daran hat sich bis heute nichts geändert. Bei der Werbung sieht es anders aus, wir werden noch davon hören. Jedoch gilt: Wer sich an die juristischen Regeln hält, wähnt sich oft auch moralisch auf der richtigen Seite. Da geht der Blick für die Realität verloren.

Niemand bei *McDonald's* dachte länger als einen flüchtigen Augenblick darüber nach, welche verheerenden Schäden der regelmäßige Verzehr von Fast Food bei Millionen von Menschen in aller Welt langfristig anrichten könnte, die übermäßige Einnahme von Zucker und Fett und Salz und künstlichem Phosphat. Niemand zog solche Konsequenzen, wie wir sie längst kennen, ernsthaft auch nur in Betracht. Waren wir auf dem richtigen Dampfer? Natürlich, die Frage stellte sich gar nicht.

Entweder wollten wir es uns nicht bewusst machen, oder es war uns in diesem Rausch des Erfolges tatsächlich nicht bewusst. Weil wir blind für diese anderen Wahrheiten waren und bloß unsere eigenen vor Augen hatten. Kritisches Bewusstsein bestand darin, Kritik von außen als haltlos abzutun und zu zerstreuen. Darin war auch ich keine Ausnahme.

Aber wie kann das sein?

Das Kroc-Modell: trügerische Faszination der Perfektion

Begleiten Sie mich, zum besseren Verständnis, noch einmal in die Vergangenheit. Diesmal ein Stück weiter zurück. Zu den Anfängen des Fast-Food-Giganten und zu jenem Mann, der *McDonald's* dazu gemacht hat.

Aus heutiger Sicht muss ich sagen: Ray Kroc war mit Sicherheit keiner von den ausnahmslos Guten. Endlos viel wurde über ihn geschrieben, darüber, wie er die Gebrüder McDonald über den Tisch zog und ihren Namen zu dem seinen machte, und auch im Film *The Founder*, den ich schon kurz erwähnt habe, kommt das klar zur Geltung. Dennoch hatte Ray Kroc etwas auf die Beine gestellt, dessen Sog man sich als Manager, wie ich einer war, nur schwer entziehen konnte.

1953 stieß Kroc in Kalifornien auf die Gebrüder Richard und Maurice McDonald, genannt Mick and Mack. Den Allgemeinzustand, in dem er sich damals befand, beschrieb er später in seiner Autobiografie als »grinding it out«, mit diesen etwas pathetischen Worten: »Ich hatte Diabetes und eine beginnende Arthritis. Ich hatte eine Gallen- und eine Schilddrüsenoperation hinter mir. Aber ich war immer noch davon überzeugt, dass das Beste noch vor mir lag. Ich war immer noch grün und auf Wachstum gepolt und flog innerlich auf einer Höhe, die leicht über der Reisehöhe der Flugzeuge lag.«

Ray Kroc, Kind böhmischer Auswanderer, war Vertreter für fünfarmige Multimixer zur Herstellung von Milchshakes und dergleichen. Bei seiner Firma ging eine Bestellung über gleich sechs Geräte ein. Von irgendwo am Rande der kalifornischen Wüste von einem Kunden, der nicht zum ersten Mal bestellte. Das machte ihn stutzig. Er rief dort an, und am Ende des Telefonats hatte die Order sich auf acht Geräte erhöht.

Kroc wollte wissen, wer diese Typen waren, die so viele Geräte auf einmal brauchten. Er fuhr nach Kalifornien. Was er dort vorfand, rief zweierlei in ihm wach: Erstens, Erstaunen. Dann Begehrlichkeiten. Die beschrieb er später so: »In dieser Nacht in meinem Motelzimmer dachte ich viel nach darüber, was ich tagsüber gesehen hatte. Visionen von *McDonald's*-Restaurants, die kreuz und quer durch das Land führten, zogen durch mein Gehirn.«

Was hatte Raymond Albert Kroc gesehen?

Immer mehr, immer schneller, immer billiger

Kroc war an diesem heißen Julitag 1954 auf einem Parkplatz in San Bernadino vorgefahren und hatte ein Lokal mit Service-Fenstern nach draußen erspäht. Ein Blitzservice. Ein für ihn völlig neues Geschäftsmodell. Davor eine Menschentraube. Meterlange Schlangen. Es war die Burger-Bude der Gebrüder McDonald. Das Geschäft brummte nur so.

Das war nicht immer so gewesen. 1937 hatten die beiden, nach sehr mageren Zeiten etwa als Kulissenschieber in Slapstick-Komödien, in Pasadena einen winzigen Hot-Dog-Drive-In eröffnet. Das war in den späten Dreißigerjahren im Westen der USA weder originell noch erfolgversprechend. Davon gab es Dutzende. Kalifornien war längst so etwas wie ein Drive-In-Mekka, weil es auch ein Auto-Mekka war. Allein in Los Angeles kurvten damals mehr Autos umher als in allen 48 Bundesstaaten zusammen. Auf die Erfolgsspur kamen die Brüder erst, als sie auf Burger umsattelten. Lange hatte diese Art von Essen als Arme-Leute-Futter gegolten. Es wurde verschmäht. Spinat und Kuhzungen waren bedeutend beliebter. Mick und Mack McDonald hatten es zu Beginn wie andere Geschäftsleute auch gemacht. Sie engagierten mehrere Dutzend hübscher, adrett gekleideter Kellnerinnen, die zwischen den parkenden Autos draußen herumwuselten und Essen servierten.

Obwohl einer von vielen, stieg ihr Laden zu dem beliebtesten Teenager-Treffpunkt der Stadt auf. Auf einmal waren die zwei wohlhabend und bezogen eine Villa mit 25 Zimmern und Cadillacs vor der Haustür.

Irgendwann aber flog das Geld nicht länger einfach so zum Fenster herein. Die Konkurrenz schlief nicht. Amerika hatte sich stark zu verändern begonnen. Supermärkte. Kaufhausketten. Die Produktion am Fließband gab es ohnehin seit Jahrzehnten, nun entdeckten immer mehr Branchen das Modell der Selbstbedienung für sich.

1948 feuerten die Gebrüder McDonald alle Kellnerinnen und rüsteten radikal um. Kaum drei Monate dauerte es, dann war der erste echte Fast-Food-Betrieb der USA auf Schiene. Das Konzept war so simpel wie revolutionär:

Pappbecher statt Gläser. Papiertüten statt Teller. Kein Besteck mehr. Die Auswahl der Speisen war stark limitiert: Hamburger. Cheeseburger. Pommes. Wer in die Küche sah, sah dort keine Köche mehr. Stattdessen Billigstlohnarbeiter. Angelernte Hilfskräfte. Was sie taten, glich der Arbeit von Robotern: die immer selben Handgriffe von früh bis spät.

Mick und Mack nannten ihr Modell so: Speedy Service System.

Die Menschen konnten ihre Autos weiterhin auf dem großen Parkplatz abstellen, aber ans Wagenfenster serviert wurde nicht mehr. Anfangs zog das massive Proteste nach sich. Die alten Stammkunden hupten, schimpften wüst drauflos, boykottierten den Laden teils auch, weil sie anderes gewohnt waren. Aber nicht lange.

Das Modell zog. Denn die Burger waren vor allem eines: phänomenal billig. Aus dem Teenager-Treff wurde rasch ein Familien-Ausflugsziel. Der Umsatz explodierte. Die Expansion zur Burger-Kette lag auf der Hand.

Besonders geschickt stellten sich Mick und Mack McDonald dabei allerdings nicht an. In zwei Jahren brachten sie es auf schmale fünfzehn Lizenzen. Sie galten auch nicht als überaus ehrgeizig, hatten beide Flugangst, keine Kinder und auch sonst wenig Lust, mehr als unbedingt nötig zu arbeiten.

Weder hatten sie das Burgerbraten erfunden noch besonders herausragende Ware, die sie von anderen abhob. Aber sie waren extrem günstig und überaus stolz auf ihr Werk, ihre serielle Produktion. Gesprächig und auskunftsfreudig waren sie außerdem. Jedem, der es genauer wissen wollte, zeigten sie bereitwillig, wie ihr Modell funktionierte. Bis ins kleinste Detail in der Küche. Dort bekamen Besucher Revolutionäres zu sehen: Nicht nur, dass alles in Papier gewickelt und in Tüten gepackt wurde. Ein gebratener Burger durchlief alle Stationen bis zur Fertigstellung in nur dreißig Sekunden und war verkaufsfertig. Hochgeschwindigkeit bei zugleich maximaler Sparsamkeit.

Einer dieser Neugierigen war James A. Collins, später eine Art Gastronomie-Mogul in den USA. Er ließ sich von den McDonald-Brüdern durch die Imbisshalle führen und kopierte das System. Er stieg zu einem der größten Franchisenehmer von *Kentucky Fried Chicken* auf. Auch andere Nachahmer entdeckten das McDonald-Modell für sich. Die Plagiate schossen nur so aus dem Boden, der Druck der Konkurrenz brachte die zwei Brüder allmählich ins Schwitzen.

Dann kam Ray Kroc erstmals nach Pasadena.

Kroc schwatzte den Brüdern fürs Erste Franchiserechte ab. Später würde ihm auch der Name *McDonald's* gehören. 1954 sperrte er die erste *McDonald's*-Filiale in Des Plaines, Illinois, einem Vorort von Chicago auf. Ein Jahr später waren es zwölf Betriebe, 1960 bereits 200 Filialen. Sein Netz hieß nun auch nicht länger *McDonald's* System Inc., sondern *McDonald's* Corporation. So ist es bis heute geblieben.

Vorerst allerdings sollte Kroc nur für die Expansion zuständig sein und die Produktion bei den Brüdern bleiben. 1,9 Prozent vom Umsatz für Ray Kroc sah die Vereinbarung vor. Das war ihm bald zu wenig.

Kroc stellte ein Konzept auf die Beine, das *McDonald's* heute noch von allen Mitbewerbern der Branche entscheidend abhebt: Franchisenehmer erhalten schlüsselfertige Imbisslokale. Dafür ist monatlich Miete zu entrichten, die sich am Umsatz orientiert. Unschlagbarer Vorteil: Keine Einmalzahlung, sondern eine fixe Bindung ans Unternehmen. Das war der Grundstein zum Aufstieg zu einem der weltweit größten Immobilienbesitzer. Die Idee hatte Kroc von Harry Sonneborn, einem Finanzgenie, das er zufällig kennenlernte und später zum Chef seiner Firma machte. Er gab ihm genau den Tipp: Mach aus deiner Burger-Kette ein Immobilienimperium. Plötzlich verfügte Kroc über hohe, regelmäßige Einnahmen. Seine Kriegskasse, mit der er die Brüder und ihren Knebelvertrag loszuwerden gedachte.

Schließlich stellte er die Brüder McDonald vor die Wahl: Entweder sie akzeptierten sein Konzept (ein halbes Prozent der jährlichen Einnahmen) oder er zahlte sie aus. Sie nahmen die 2,7 Millionen Dollar. Dafür durfte Kroc ihren Namen behalten. Heute wären diese 0,5 Prozent Umsatzbeteiligung mehr als 150 Millionen Dollar wert. Pro Jahr.

Eine zweite Säule des kometenhaften Aufstiegs war das Mitbestimmungsrecht, das Kroc seinen Partnern einräumte. Insbesondere bei geplanten Aktionen auf Restaurantebene. Aber auch bei der Erweiterung der Produktpalette, wo er auf die Kreativität der Restaurantbetreiber setzte. Kroc sagte dazu einmal: »Der Erfolg von Ergänzungen wie Filet-o-Fish, Hot Apple Pie und Egg McMuffin ist aus der Idee eines unserer Betreiber entstanden.«

Die dritte Säule: strategische Partnerschaften. In den Anfängen hatte Kroc noch vergeblich versucht, seinen ehemaligen Kriegskameraden Walt Disney an Bord zu holen. Disney lehnte ab, eine *McDonald's*-Niederlassung auf dem Gelände des im Bau befindlichen Disneyland aufzusperren. Krocs Franchisenehmer bestanden in der Folge zum Großteil aus Freunden und guten Bekannten. Einige waren völlig ungeeignet für den Job. Auch kam es zu konzeptionellen Fehlgriffen wie etwa Gebietsschutzzusagen und ähnlichem. Zugleich verlief die Expansion aber fast explosionsartig, sodass der Konzern fast in die Pleite geschlittert und untergegangen wäre. Ein Umstand, der in Firmenchroniken tunlichst ausgeblendet wird.

Heute sieht die Sache völlig anders aus. Kooperationen mit Disney sind längst die Norm. *McDonald's* und Disney sind fast schon so etwas wie eine Symbiose. Dazu passt dieses Zitat Ray Krocs: »Wir sind nicht im Hamburger-Geschäft. We're in Showbusiness.«

Abzulesen ist dies auch an den zahllosen gemeinsamen Aktionen, wie etwa Beigaben in den Happy Meals, die zu aktuellen Disney-Filmproduktionen passen. Oder zu denen anderer Medienriesen. Stichwort Barbie, Tarzan, Mickey Mouse, Schlümpfe et cetera. Eine Strategie, die *McDonald's* zum weltgrößten Spielwarenvertreiber aufsteigen ließ.

Als tragende Säule nicht zu vergessen ist natürlich die Kooperation mit *Coca-Cola*. Auch hierin ist *McDonald's* die Nummer 1. Niemand nimmt mehr Coke-Produkte ab.

Dieselben Standards für alle – schlag nach in der Bibel

»Es erfordert eine bestimmte Art von Geist, um Schönheit in einem Hamburgerbrötchen zu sehen. Doch ist es noch ungewöhnlicher, Gnade in der Textur und der sanft geschwungenen Silhouette eines Brötchens zu finden, als sich liebevoll an den Noppen einer Lieblingsfischfliege zu spiegeln? Oder die Anforderung von Texturen und Farben im Flügel eines Schmetterlings?
Nicht wenn du ein McDonald's-Mann bist. Nicht, wenn man das Brötchen als ein wesentliches Material in der Kunst betrachtet, viele Mahlzeiten schnell zu servieren.«

– Ray Kroc

Bibel nannte sich intern jenes Regelwerk, das Fred Turner für *McDonald's* schuf. Ein im Wortsinne Standardwerk, weil es die Standards festschrieb, die für alle Filialen zu gelten hatten. Darin wurden zum Beispiel solche Dinge festgelegt:

- Das Fleisch eines Burgers besteht aus 45,36 Gramm Hackfleisch
- Ein Burgerbrot muss 17 Sekunden lang geröstet werden
- Ein Stück Pommes Frites muss 0,71 Zentimeter dick sein

Turner war einer der frühesten Wegbegleiter Krocs, stieg zum Chief Operating Officer (COO) auf, leitete das internationale Geschäft und löste Ray Kroc 1977 auch als CEO ab, der er zwanzig Jahre lang blieb.

Ebenso wichtig, wie dieselben Standards für alle, war jene Zielgruppe, auf die Ray Kroc es schon sehr früh abgesehen hatte: die Kinder. Kroc flog mit seiner Cessna quer durchs Land auf der Suche nach Schulen, wo sich ein Restaurant bauen ließ. Er ließ Spielplätze bei Burger-Filialen bauen (oftmals in Gegenden, wo es ohnehin weit und breit keinen Spielplatz gab), und er setzte obendrein ganz stark auf Kinderwerbung im Fernsehen.

Sein Credo: »Ein Kind, dem unsere Fernsehreklame gefällt und das seine Großeltern zu *McDonald's* schleppt, bringt uns zwei neue Kunden.«

So wurde letztlich auch die Werbefigur Ronald McDonald geboren. Sie wird uns noch ausführlich begegnen. Eine Figur, die es zu einem Bekanntheitsgrad auf einer Stufe mit dem Weihnachtsmann bringen sollte.

In jenen frühen Jahren, ab 1970, setzte *McDonald's* auch erstmals Schritte, die mit Ausnahme von Ölmultis kein US-Konzern zuvor gewagt hatte: Die Auslandsmärkte wurden erobert. Erst die Karibik und Kanada, dann Japan, die Niederlande und Deutschland. 1988 sprangen die Burger auch über den Eisernen Vorhang.

Zu dieser Zeit hatte die Erfolgsstory, auf der *McDonald's* von einem Höhenflug zum nächsten unterwegs war, längst seine Schattenseiten offenbart, der glänzende Oberflächenlack viele tiefe Schrammen erhalten. *McDonald's* stand nicht nur als Symbol für hemdsärmeligen Kapitalismus, sondern auch dafür: Monokulturen und Massentierhaltung, gigantische Müllberge wie auch Lohndumping in vielen Ländern.

Außerdem versuchte man kategorisch alles zu unterbinden, was nur nach Gewerkschaft roch. Sowohl der Mutterkonzern als auch einzelne Franchisenehmer prozessierten mit Betriebsräten, die sich trotz des (illegalen) internen Verbots gebildet hatten. Im deutschen Rhein-Main-Gebiet ging dies so weit, dass Standorte mit Betriebsrat kurzerhand geschlossen wurden. Und später, unter neuen Betreibern, wieder aufgesperrt.

All das, von den Löhnen, bis zu den Müllbergen, betraf natürlich ebenso die anderen Riesen der Branche. Von *Pizza Hut* über *Burger King* bis zu *Kentucky Fried Chicken*. Vor allem in punkto Ausbeutung und unterdurchschnittliche Bezahlung herrschte fast so etwas wie ein stilles Übereinkommen. Das Gegenargument zum Vorwurf, warum etwa ein sogenannter Toplohn bei *McDonald's* und Co. eine Summe ergab, wo es bei anderen Betrieben der Systemgastronomie erst von unten anfing, war immer dasselbe: Man berief sich auf die Tarifverträge, die vom Branchenverband ausgehandelt wurden. Die waren bei allen Fast-Food-Riesen ähnlich schlecht.

Übrigens, das Ur-*McDonald's*-Restaurant der Brüder Mick und Mack gab es da schon seit vielen Jahren nicht mehr. Kurz nachdem Ray Kroc die beiden 1961 ausgezahlt hatte, eröffnete er gegenüber dem Laden, den sie unter *The Big M* weitergeführt hatten, eines seiner Restaurants. Die Brüder mussten zusperren. Das deutsche Magazin *Der Spiegel* schrieb dazu einmal:

»Die Burger-Revolution hatte ihre Väter gefressen, um fortan die Kinder der Welt zu mästen.«

Ganz unten: Die ersten Wochen

1993 kam ich zu *McDonald's*. Ich verließ den Ölkonzern *Aral*, wo ich als Verkaufsleiter für die Region Ost gejobbt hatte. *Aral* war damals noch Teil jener alten Ölindustrie, die sich selbst als Gentleman-Clique ansah. Der Branche ging es über ewige Zeiten hinweg unglaublich gut, die Profite waren fett und fetter.

Wenn jemand in dieser Welt als arm zu bezeichnen war, dann die Tankstellenpächter. Die meisten jedenfalls. Sie wurden in der Regel sehr knapp gehalten mit ihren Gewinnen. Die ganz wenigen Gutverdiener ausgenommen, hatte der Großteil hart zu kämpfen. Üblicherweise mussten die halben Familien für einen Bettellohn mitarbeiten, damit es sich unterm Strich für alle einigermaßen rentierte.

Aussaugen war Programm. In der gesamten Branche. Jene, die abkassierten, waren überall zu finden, bloß nicht an den Zapfsäulen oder hinter den Kassen. Wer als Pächter dennoch zu gut verdiente, bei dem wurde rasch da und dort etwas von der Marge abgezwickt, bis es wieder passte.

Demut war in den höheren Etagen ein Fremdwort.

Ich wollte das nicht länger. So heuerte ich im August bei *McDonald's* an. Als Personalchef für Österreich. Ich wechselte, wenn Sie so wollen, von dem einen nicht immer gut beleumdeten Konzern zum nächsten. Allerdings lernte ich dort ein System kennen, das mich in seiner ausgeklügelten Perfektion vom ersten Tag weg faszinierte.

Aral zu verlassen und im Management von *McDonald's* einzuziehen, bedeutete nicht: Du packst deine sieben Sachen abends im alten Büro in eine Schachtel, stellst sie am nächsten Morgen im neuen Büro auf einen glänzenden Schreibtisch und gehst mit den neuen Kollegen gleich auf einen Kaffee.

Ich musste vielmehr den Weg gehen, den jeder zu gehen hatte. Ich fing an in einer Filiale, Standort Graz. Ganz unten. So wie Günter Wallraff in seinem gleichnamigen Aufdecker-Buch Mitte der 1980-er Jahre. In der Küche. Als Burger-Brater. Für vier Wochen.

Die ersten Tage waren die Hölle. Allein das beengende Gefühl, plötzlich nicht länger mein eigener Herr zu sein. Nicht länger, mehr oder weniger nach Belieben, über meine Zeit verfügen zu können. Als Verkaufsleiter beim Ölmulti saß ich naturgemäß viel im Auto. Niemand außer mir entschied darüber, ob ich jetzt oder in einer Stunde auf einen Kaffee ging oder für ein Mittagessen stehenblieb. Oder eben nicht.

In der Küche bei *McDonald's* herrschen andere Gesetze. Da wird für gewöhnlich in drei Schichten gefahren zu je acht Stunden, mit überlappenden Zeiten. Unter anderem, weil kein Restaurant auch nur für einen kurzen Moment ohne zertifizierten Schichtleiter betrieben werden darf und diese Überschneidungen mitunter der Dienstübergabe dienen.

Acht-Stunden-Dienst in der Küche also, und jede einzelne Minute straff durchorganisiert. Von der ersten bis zur letzten. Dazu eine Flut von schriftlichen Anweisungen, die alles, wirklich alles, bis ins Kleinste regeln.

Mit Ausnahme des Restaurantleiters wusste niemand, wer ich war. Auch er war nur soweit informiert, dass ich aus der Zentrale kam. Mehr nicht. Das trug mir das eine oder andere Mal erschwerte Bedingungen am Arbeitsplatz durch ihn ein, aber nie auf eine unkollegiale Weise. Immer ein wenig augenzwinkernd.

Schon am ersten Tag verbrannte ich mich am Plattengrill. Neben mir stand ein erfahrener Mann namens Ahmed. Er lachte, drehte seine Hände vor meinen Augen um 180 Grad und sagte:

»Musst du so machen.«

Handrücken andersrum. Zwar hatte ich die theoretische, technische Anleitung, wie es richtig ging, hinter mir, doch von Verinnerlichung keine Spur. Diese vier Wochen zählten bestimmt zu den körperlich härtesten meines Berufslebens, doch am Ende hatte ich enorm viel gelernt. Ich wusste vor allem, wie es jedem Einzelnen an seinem Arbeitsplatz ging.

Darüber hinaus hatte ich sie kennengelernt:

Die Checkliste als US-Erfolgsmodell

Was Ray Kroc eingeführt und perfektioniert hatte, war und ist im *McDonald's*-Kosmos allgegenwärtig. Aus rein unternehmerischer Sicht ein mustergültiges Beispiel in Sachen Arbeitskosten und Effizienz.

Ein Beispiel gefällig?

Nehmen wir Pommes Frites. Pommes zuzubereiten bedeutet: Es müssen immer Pommes nach der so genannten *McDonald's*-Qualität sein. Das heißt auch: Eine Checkliste muss abgearbeitet werden, ein regelrechter Katalog aus einem Handbuch.

Bei Pommes sind das 46 in jedem Detail vorgegebene Schritte, die im Restaurant abzuspulen sind. So und nicht anders hat es zu sein. Nicht ein Fingerbreit Abweichung ist erlaubt. Das Resultat muss exakt dem entsprechen, was der Kunde haben will. Die Befriedigung einer Erwartungshaltung, auf die er jedoch zuvor konditioniert worden ist. Auf ebenfalls perfekte Weise.

Ein manipulatives Spiel von Anfang an.

Diese *McDonald's*-Qualität setzt natürlich ein, lange bevor die Pommes tiefgefroren in die Filialen angeliefert werden. Weil man sie beispielsweise erst in eine Zuckerlauge taucht, um später die ideale Farbgebung zu erzielen. Danach setzt die Kühlkette ein. Perfektion in Reinkultur.

Überhaupt läuft vieles heute und noch mehr, als es zu meiner Zeit der Fall war, vollautomatisch ab. Mittels Überwachungssystemen, die bis zum Frittieröl alles auf Zehntelgrad überwachen und Abweichungen jederzeit nachvollziehbar machen. Weil die Filialleiter Protokolle darüber vorlegen müssen.

Alles in allem ein System, das für totale Überwachung steht, die auch aus der Ferne möglich ist. Wobei, das ist nichts prinzipiell Schlechtes. Es dient, Fehlerquellen möglichst auszuschließen. Mittlerweile ist das in so gut wie allen industriellen Nahrungsmittelbetrieben Standard. *McDonald's* war aber auch hier Vorreiter.

Bleiben wir jedoch bei der Checkliste für Pommes Frites mit ihren 46 Schritten. Um nur ein paar der maßgeblichen Faktoren zu nennen:

- Die Temperatur des Frittieröls muss auf Grad genau stimmen.
- Das Aufteilen der Kartons auf die Frittier-Körbe: Ein Marker an der Innenseite legt die Grenze fest, bis zu der aufgeschüttet werden muss.
- Welcher Korb wird wo eingehängt: Das ist so organisiert, dass immer die ältesten Pommes genommen werden und nichts übrigbleibt.
- Die Frittier-Zeit: Ein Timer wacht darüber. Er muss beim Einhängen gedrückt werden. Sollte die Temperatur nicht perfekt sein, geht ein Alarm los. Ebenso piepst es, wenn die Zeit abgelaufen ist. Also raus damit.
- Das Abschöpfen der Pommes: Auch die Handbewegung, mit der sie abzuschöpfen sind, ist vorgeschrieben. Dasselbe gilt für den Einsatz des Salzstreuers. Richtung, Schwung

und Handhaltung sind exakt vorgegeben. In einer einzigen, fließenden Bewegung muss das Salz aufgetragen werden. Die Löcher sind auch so konzipiert, dass beim richtigen Schwung die richtige Menge herauskommt.
- Das Portionieren mit der Schaufel: Wie sie in die Hand zu nehmen und zu halten ist, der Druck, den der Daumen beim Einfüllen ausüben soll. Dann von unten anheben.

Und so weiter. Jedes Detail ist festgelegt. Und jede kleinste Kleinigkeit, die anders abläuft, führt zum Qualitätsverlust. Wenn auch nur einer von 46 Schritten nicht perfekt umgesetzt wird.

Sei es, weil die Pommes in der Salzwanne (das schräg verlaufende Blech, aus dem heraus sie portioniert werden) nicht richtig getrennt werden (alt von frisch). Sei es, weil sie länger als sieben Minuten in der Wanne liegen, ehe sie beim Kunden landen (das heißt dann nämlich wegwerfen, was aber nicht immer geschieht, weil manche Mitarbeiter den Timer aufs Neue aktivieren). Sei es, weil zu Stoßzeiten niemand Zeit hat, die Pommes nach dem Frittieren gleich in die Wanne zu kippen, sondern den Korb bloß hinhängt (wodurch die Ware länger als erlaubt über dem heißen Fett hängt). Und so weiter.

Und wenn alles passt?

So lachhaft das vielleicht klingen mag, doch genau diese Art von Perfektion ist dann auch Teil des Korpsgeistes, von dem ich Ihnen schon ein wenig erzählt habe. Teil des Corporate Spirits. Weil die Mitarbeiter darauf gedrillt sind, sich zu sagen:

Ich will jede Handbewegung perfekt machen. Mach ich sie perfekt, habe ich meinen Beitrag geleistet zu einem perfekten Produkt. Weil wir es sind, die die besten Pommes produzieren. Nur wir. Niemand sonst.

Die Einschulung, ehe es erstmals an die Stationen geht, läuft auf dieselbe perfektionistische Weise ab. Sprich, die Taktik, mit der das Wissen an die Crew kommuniziert wird. Das läuft in didaktischer Hinsicht in dieser Reihenfolge ab:

Sehen
Hören
Tun
Dokumentieren

Erst ein Lehrfilm, in dem jeder einzelne Schritt vorgezeigt wird (sehen und hören). Danach geht der Trainee mit dem Mitarbeiter zur Station. Shoulder on Shoulder nennt sich das. Ausprobieren, selber machen (tun). Danach bekommt er das Booklet (dokumentieren), um alles zu lernen und zu vertiefen. Zum Abschluss folgt ein Multiple Choice Test.

Bis jeder Handgriff bei jedem perfekt sitzt. Präzise nach Anleitung.

All das, ob Pommes Frites oder irgendein anderes Produkt, ist ins letzte Detail vorbestimmt. Beklemmend einerseits, wenn man sich vor Augen hält, wie eingeschränkt Mitarbeiter in ihrem persönlichen Handlungsspielraum sind, der in Wahrheit gar nicht existiert. Faszinierend andererseits, wenn man bedenkt, dass das Resultat ein Produkt ist, das mit immer gleicher Qualität rausgeht.

Ich habe bis heute keinen einzigen Gastronomiebetrieb kennengelernt, wo das nur annähernd perfekt abläuft. Ob es einem nun sympathisch ist oder nicht. Ich bin jedoch überzeugt davon, dass genau diese Art der klein- bis kleinstteiligen Arbeitsstrukturierung ein entscheidender Faktor des amerikanischen Erfolgsmodells ist, das so lange vorgeherrscht hat. Und es auf gewisse Weise immer noch tut. Denn:

Die Amerikaner haben für alles eine Checkliste.

Während wir Europäer bei der Arbeit ein eher intuitives Denken an den Tag legen, eher dazu neigen, unseren Kopf einschalten zu wollen, läuft das bei den Amerikanern an vielen Stellen ganz anders ab. Für alles gibt es das sogenannte Operations Manual. Das Handbuch (ähnlich unantastbar wie die Bibel von Fred Turner). Je dicker, desto besser. Weil damit nichts schiefgehen kann. Während es bei uns heißt: Wenn etwas schiefläuft, meine Güte, irgendwie werde ich das schon wieder hinbekommen.

Bei *McDonald's* und anderen US-Riesen existiert diese Art von spontaner Problemlösungs-Mentalität nicht. Der Zufall wird kategorisch ausgeschlossen oder ins Abseits gedrängt. Die Amerikaner haben ihr eigenes System entwickelt, und sie haben es mit Erfolg auf anderen Kontinenten implementiert. Auch in Teilen Europas.

Ein System, das so funktioniert:

Ich teile die Arbeit in kleine und kleinste Schritte. Diese Schritte müssen so winzig klein sein, dass kein Fehler passieren kann. So klein und einfach, dass jeder sie versteht. Wirklich jeder. Sei er noch so ungebildet. Außerdem bekommt jeder nur zwei, drei Dinge aufgetragen. Nicht mehr. Die beherrscht er dafür perfekt.

Das mag nun herablassend klingen, doch genau auf diese Weise wird das in den USA im Vergleich zu Europa tendenziell niedrigere Bildungsniveau in ein Erfolgsmodell umgemünzt. Jedenfalls aus Sicht der Konzerne. Fehler sind auf diese Weise fast ausgeschlossen. Das nennt sich prozessorientiertes Denken in Reinkultur.

Tritt Fall A ein, antworte ich mit Variante B. Tritt Fall C ein, weiß ich, ich habe Variante D. Und so weiter. Ein Mangel an höherer Bildung führt dazu, dass Menschen in der breiten Masse ihren Kopf nicht zum eigenständigen Denken verwenden.

Organisiere ich als Betrieb meine Arbeit auf genau diese Art, brauche ich aber auch gar keine intelligente Masse. Im Gegenteil. Da ist zu viel Grips fast im Weg. Besser ist es, die Leute mit Zucker und Co. vollzustopfen. Das lähmt jene kognitiven Fähigkeiten restlos, die vielleicht doch noch irgendwo im Verborgenen schlummern.

Die Droge Fast Food nebelt die Menschen ein. Sie macht sie willenlos. Sie macht sie dick und bewegungsunfähig.

Und wer sich kaum noch bewegen kann, bleibt lieber zuhause auf der Couch vor der Glotze. Im Fernsehen werden sie weiter manipuliert, bis der letzte Funken eigenständigen Verstands erstickt ist. Weil genau da gewiefte Medienmanager die Menschen abholen und nicht nur den Einkauf für sie übernehmen, sondern das Denken gleich mit. Anders ist es kaum erklärbar, dass ein Mensch wie Donald Trump Präsident geworden ist. Bei allem, was wir zuletzt auch bei uns erlebt haben, ist so etwas in Europa in dieser Dimension kaum denkbar.

Handschlag-Verträge & heilige Kühe

Was für mich ebenfalls bis zu meinem Wechsel zu *McDonald's* unvorstellbar war: Viele Verträge wurden und werden tatsächlich per Handschlag ausgehandelt. Zum Beispiel jene mit den Lieferanten. Sei es für Fleisch, Geflügel und Fisch. Sei es mit Bäckerei-Zulieferern, die das Burgerbrot beistellen. *McDonald's* verfügt bekanntlich über keine eigenen Produktionsstätten, alles wird angeliefert. Entweder fixfertig (zum Beispiel Salate, die nur noch das hauseigene Dressing verpasst bekommen), oder in halb verarbeitetem Zustand.

Verträge jedenfalls, lernte ich sehr rasch, haben Handschlagqualität. Ganz nach alter Ray-Kroc-Tradition, hieß es immer. Pikant in diesem Zusammenhang ist nur, dass Kroc den Brüdern McDonald, anders als in seiner Autobiografie dargestellt, sehr wohl jenes halbe Prozent vom Umsatz in die

Hand versprochen haben soll, das sie später nie bekamen. Wie auch immer. Da gibt es mindestens zwei Versionen.

Verträge per Handschlag sind also Tradition. Ebenso Tradition á la Kroc waren und sind bis heute diese Fixsterne am *McDonald's*-Himmel:

1. *Die Eismaschine*

Ein rein nostalgischer Tribut an Ray Kroc. Weil gemessen am Umsatz, den Shakes und Eisbecher erzielen, ist der Platz für diese Geräte in den Betriebsküchen bei *McDonald's* viel zu mittig und prominent. In Wirklichkeit eher hinderlich. Doch daran war und ist nicht zu rütteln. Das hatte auch ich rasch zu lernen. Die Geräte stehen nicht irgendwo am Rand, wo sie aus betriebswirtschaftlichen Gründen besser aufgehoben wären, sondern genau dort, wo sie stehen. Zentral. Punkt. Aber nicht nur der Standort ist heilig. Der Shake-Mixer selbst ist es auch. Das Modell. Auch wenn er noch so anfällig ist und es ja längst selbstpasteurisierende Maschinen gibt. Auch das ein Erbe von Ray Kroc.

2. *Der Burger.*

Auch wenn *McDonald's* sich als Teil seiner Strategie über die Jahre an die vielen regionalen Gegebenheiten und Besonderheiten in aller Welt anzupassen versucht hat (zum Beispiel mit koscherer Ware in Israel, rindfleischlosen Burger-Varianten für Hindus in Indien und so weiter), so war und ist es doch eines der ungeschriebenen Gesetze:

Der Hamburger ist wie die Eismaschine: Er ist untouchable.

Das betrifft alle Komponenten. Die Rezeptur gleichermaßen wie die Größe und die Art der Zubereitung.

3. Die strikte Einhaltung der Checklisten-Vorgaben: ebenfalls so eine heilige Kuh. Eine der sinngemäßen Grundregeln lautet zum Beispiel:

> *Lieber ein Produkt zu lange auf dem Grill lassen als um eine Sekunde zu kurz. Schuhleder soll der Burger auch keines werden. Aber lieber um den Moment zu lange drauf als umgekehrt.*

Das mag nun seltsam anmuten. Weil ich doch von der *McDonald's*-Qualität gesprochen habe und der Vorgabe, dass sie immer erreicht werden muss. Dass kein Schritt ausgelassen oder abgeändert werden darf.

Der Hintergrund für diese, nennen wir es Ausnahme, ist allerdings ein hochdramatischer. Eine fatale Lebensmittelvergiftung, von der mehr als 700 Menschen betroffen waren. 178 Opfer, unter ihnen viele Kinder unter zehn Jahren, trugen bleibende Schäden von Nieren oder Gehirn davon. Vier Kinder starben. Es war der Ausbruch von E. coli im Jahr 1993 in Kalifornien.

Zur Masseninfektion war es in 73 Filialen der Burger-Kette Jack in the Box gekommen.

Der Grund: Hamburger aus unterkochter Rinderpastete. Sprich, sie waren nicht lange genug erhitzt worden. Anlass war eine Sonderaktion der Kette zu reduzierten Preisen. Der

Ansturm war so groß, dass die Restaurants die Laibchen nicht lange genug brieten, um die Burgermanie zu bewältigen und die Ware raschestmöglich unters Volk zu bringen. Als Ur-Verursacher der Fleisch-Kontaminierung wurden fünf Schlachthöfe ausgemacht.

Elf Jahre zuvor war auch *McDonald's* von E. coli heimgesucht worden. Insgesamt gab es bis vor der großen Epidemie 22 dokumentierte Ausbrüche mit 35 Toten. Die möglichen Folgen einer Infektion reichen von Durchfall und blutigem Stuhl über Erbrechen bis zum Nierenversagen. Und in besonders gravierenden Fällen eben bis zum Tod.

Monster-Burger war zu jener Zeit ein geflügeltes Wort.

James Reagan, Vize-Präsident für Forschung und Wissensmanagement bei der *National Cattlemen's Beef Association* (NCBA) nannte den Ausbruch später einmal einen »entscheidenden Moment in der Geschichte der Rindfleischindustrie«. Das klingt vielleicht ein wenig zynisch, doch es war so.

Weil die Branche ihre Schlüsse aus der Krise zog. Als ich bei *McDonald's* anfing, lag die Affäre erst ein halbes Jahr zurück. Neben dem strikten Ausbildungs- und Einschulungssystem gab es ein oberstes Gebot, das weit über der Problematik von Fett- und Zuckeranteilen und dergleichen, die uns regelmäßig zum Ziel von Angriffen machte, stand:

Lebensmittelsicherheit.

Jeder im Haus wurde darauf gedrillt. Aus einem einfachen, sehr pragmatischen Grund. Weil jeder kleinste Verstoß augenblicklich groß in den Medien landete. Nicht unbedingt in jenen, bei denen wir gute Anzeigenkunden waren, doch mit Sicherheit bei jenen, die sich als unabhängig bezeichnen und das, abgesehen von der staatlichen Presseförderung, auch auf eine gewisse Weise sind. Für uns als Management war das der absolute Supergau. Nestbeschmutzer im System *McDonald's* zu sein?

Nein, das war der Alptraum schlechthin. Da war einerseits die öffentliche Kritik, doch fast noch schlimmer wog es, am internen Pranger zu stehen. Als dieser eine, in der sonst sauberen Gemeinschaft der *McDonald's*-Länder. Weil WIR nicht aufgepasst haben. Weil bei UNS etwas schiefgelaufen ist. Weil MEINE Mitarbeiter schlampig waren und ICH verantwortlich bin ... keiner der vielen Kollegen des internationalen Managements, mit denen ich in dreizehn Jahren Fast Food zu tun hatte, hätte das ertragen.

Es war ein absolut undenkbares Vergehen.

Spontane Selbstkontrollen als Manager-Sport

Wenn wir also vor etwas wirklich Angst hatten, dann vor einem Lebensmittelskandal im eigenen Haus. Egal, was sonst an Kritik gegen *McDonald's* hervorgebracht wurde. Das durfte nicht sein. Unter keinen Umständen. Dieser Respekt vor der Nahrungssicherheit ging sogar soweit, dass wir uns freiwillige Selbstkontrollen auferlegten.

Als Personalchef hatte ich begonnen. Nach einem halben Jahr übertrug man mir auch die Trainingsabteilung, das österreichweite Ausbildungsprogramm für Restaurant-Management also. Da wurden Kurse in unterschiedlichen Levels abgehalten, gedacht ausschließlich für angehende Restaurant-Leiter.

Dann erhielt ich das Office Management dazu. Den Fuhrpark. Ich hatte natürlich meine Leute, die das Operative abwickelten, trug jedoch die Gesamtverantwortung. Und schon nach einem Jahr wurde ich Mitglied des Boards. Eine Art Vorstandsposten, obwohl es keine offiziellen Vorstände gab. Ich war damals erst dreißig Jahre alt und bei *McDonald's* einer der allerjüngsten in dieser Funktion weltweit.

Weitere zwei Jahre danach war ich Operations Director. Auf gut Deutsch: Ich trug die Gesamtverantwortung für alle Restaurants im Land. Zudem hatte ich das Franchising für ganz Österreich über. Und auch die Aufgaben auf internationaler Ebene wurden immer mehr.

Dazu müssen Sie wissen: Prinzipiell waren die einzelnen Länder, in denen *McDonald's* Standorte hatte, unabhängig. Ein dezentrales System war lange Zeit erwünscht, vor allem, damit die einzelnen Länderchefs besser auf regionale Besonderheiten eingehen konnten und nicht, etwa durch einen Zentraleinkauf für halb oder ganz Europa, in ihren Möglichkeiten limitiert wurden.

Dabei herrschte jedoch, ganz wie in der EU-Politik, ein gewisses Ungleichgewicht, was Bedeutung und Einfluss der Länder anging. Die drei Großen hießen auch bei uns: Deutschland, Frankreich, England. Sie waren innerhalb Europas für sich autonom, gaben das Tempo und die Richtung für die anderen vor.

Abgesehen von den drei Big Playern war Europa in Zonen eingeteilt, in Länderverbände, die eng kooperierten. Da gab es den Norden, den Süden, den Westen und Zentraleuropa. Mein erster Job auf europäischer Ebene war der des Personalvorstands für Zentraleuropa.

Gemeinsam mit den anderen Personalchefs der Regionen saß ich in einem Management-Board, ein Gremium, das es für alle Fachgruppen gab. Da traf man sich dann auf oberster Ebene. Die Einkäufer. Die Finanzer. Oder eben die Personalleute, zu denen ich zählte. Irgendwann, ich glaube es war 1998, wurde ich von meinem Gremium auserkoren, die gesamt-europäischen Interessen zu vertreten. So landete ich schließlich im erwähnten *McDonald's World Council* und saß eine Zeitlang mehr im Flugzeug als sonstwo.

Wir Manager der Human Resources standen üblicherweise im Ruf, Bürokraten der schlimmsten Art zu sein. Die meisten waren ja auch so etwas wie Beamte, und wenn einer von uns oder gleich alle gesammelt auftauchten, hieß es hinter vorgehaltener Hand immer: Na, da sind wir einmal gespannt, welche Listen wir jetzt wieder ausfüllen dürfen.

Unter all den Personalchefs war ich der einzige, der auch operativ tätig war. Das wollte ich auch auf keinen Fall aufgeben. Weil es in Wirklichkeit am meisten Freude bereitete, und so machte ich es auf gewisse Weise wie Ray Kroc, der einmal sagte:

»Ich habe den Hamburger nicht erfunden, ich habe es einfach ernster genommen als jeder andere.«

Ich wollte es auch ernster nehmen. Das mit der Lebensmittelsicherheit. Wenigstens für mich und mein Land, sagte ich mir, das mir bei aller Fülle an Aufgaben immer noch das nächste Hemd war. Zwischenzeitlich war ich nicht nur Expansions-Chef geworden (somit von A bis Z für die Entwicklung der Restaurants im Land zuständig, das heißt: für Immobilienbeschaffung, Filialbau, Technik und so weiter) sondern auch Geschäftsführer. Und als der wollte ich mir in punkto Lebensmittel nicht den kleinsten Makel einfangen.

Also fing ich (zusätzlich zu dem Bauchladen an Verantwortungen und gemeinsam mit meinen Kollegen im Haus) an, selbst auferlegte Kontrollen zu organisieren. Nur ein Beispiel: Wir beauftragten ein Hygieneinstitut, Eiswürfel zu testen. Der Deal war der: Die Tester kamen zweimal im Monat. Unangekündigt. Wann immer sie wollten. In welcher Filiale sie wollten. Egal, was es kostete.

Ich sagte mir: Wenn der Würstelstand von nebenan Probleme mit verdorbener Ware hat, ist das tragisch für ihn. Nichts weiter. Wenn wir allerdings solche Probleme haben, hat das Auswirkungen in aller Welt. Motto:

Wir müssen sicher sein. Doppelt sicher. Dreifach sicher.
Bei jedem neuen Bericht des Hygieneinstituts, der ohne
Beanstandungen war, darf die Faust nach oben gehen.

Dass Hygienevorschriften am Arbeitsplatz penibel einzuhalten waren, verstand sich ohnehin von selbst. Da galten dieselben Vorschriften wie für alle anderen in der Gastronomie auch. Vom Haarnetz bis zum Desinfizieren der Hände. Natürlich auch mit der Option, dass es nicht immer so perfekt lief, weil eben Menschen am Werk waren. Dennoch: Innerhalb der McSaubermann Company wollte ich als einer der Ober-Saubermänner dastehen. Weil keine Art von Sauerei sein durfte. Auch das war eine heilige Kuh. Wie der Hamburger und die Eismaschine.

Oder nehmen wir den Salat. Das Credo hieß: Bloß keinen Erreger von irgendwo einfangen. Keime sind zwar natürlicher Bestandteil von Obst und Gemüse und wichtig für die Darmflora. Keime sind vor allem aber auch in der Lage, sich dort exponentiell zu entwickeln, wo sie unerwünscht sind.

Fazit: Besser, wir machen unseren Salat völlig keimfrei, schicken ihn auf ein paar Extrarunden durch die chemische Reinigung und nehmen in Kauf, dass die Inhaltsstoffe, die Vitamine sich größtenteils auch verabschieden. Meine Güte, bei all den Convenience-Salaten in den Supermärkten, den vorgeschnittenen, abgepackten Mischsalaten und so weiter ist es auch nicht anders. Oder?

Was soll's. Hauptsache keimfrei.

Der Mausburger, der keiner sein kann

Aus genau diesem Grund sind all die Geschichten rund um Mäuse oder Rattenschwänze, die aus Versehen oder Schlampigkeit in Burgern gelandet sind oder sein sollen, überaus kritisch zu sehen. Nicht weil ich *McDonald's* oder irgendeinen anderen Fast-Food-Giganten auch nur ansatzweise in Schutz nehmen wollte, sondern weil der Ablauf der Herstellung das nicht zulässt. Nicht mal in der Theorie.

So hoch industriell und maschinell die gesamte Produktionskette ablaufen mag. Ein Burger in der Endproduktion, in jener Phase also, wo er aus all seinen Einzelteilen zusammengebaut und an den Kunden gereicht wird, ist immer reine Handarbeit.

Ich habe die Abläufe viele Dutzende Male selbst gesehen, auch abgewickelt. Ein Burger ist nichts anderes als ein Puzzle mit einer Handvoll Einzelteilen.

- Du nimmst das Brot und legst es in den Toaster. Du nimmst das Fleischlaibchen, Patty genannt, und legst es auf den Grill. Von Hand.
- Du drückst die Sauce aus dem Dispenser, dem Spender also. Von Hand.
- Der Käse? Von Hand.
- Der Salat? Von Hand.
- Die Gurke. Von Hand.

Auch die Möglichkeit, dass ein Tier ins Fleisch gelangen könnte, ist praktisch auszuschließen. Diese Pattys sind nichts anderes als tiefgefrorene Platten, die von einer großen Masse abgeschnitten werden. Sie sind überaus dünn. Knochen oder Sonstiges müssten sofort bemerkt werden. Jene Fälle also, die weltweit dokumentiert und an die Öffentlichkeit gebracht wurden, können immer nur zweierlei bedeuten:

1. Sie sind inszeniert, sprich: Ein Mitarbeiter hat bewusst in einem unbeobachteten Moment die Maus in den Burger gelegt.
2. Eine Inszenierung durch den Kunden. Hinterher. Ein Fake also.

Alles andere ist weder denkbar noch machbar. Letzten Endes war es auch damals, beim ersten österreichischen Maus-Burger, der in einer Wiener Filiale in den Achtzigerjahren aufgetaucht war, genau das: ein Fake. Die Inszenierung durch einen 37 Jahre alten Mann, dessen Scherz ihm im Nachhinein eine gerichtliche Verurteilung samt Strafe eintrug.

Maximal sicher musste also alles sein. Darum die spontanen Selbstkontrollen. Eine Art von Selbstbestätigung, die ich mir zum regelrechten Sport machte. Und mit jedem Erfolg mehr und mehr euphorisch.

Ein bisschen war es ja auch wie in einer Sekte. Bewegst du dich außerhalb, wirst du in der Sekunde von der Herde isoliert und stigmatisiert. Spielst du nach den Regeln, bleibst du Teil der Herde. Dafür darfst du uneingeschränkt den Spirit atmen.

Erdung der Bosse als Teil des Spirits

Teil dieses Spirits war auch die Erdung der Bosse. Das fing an mit den ersten harten Wochen in der Filiale, von denen ich erzählt habe. Das ging weiter über die Events, die ich ebenfalls angedeutet habe.

So auch das Feiern des sogenannten Founders Day. Da wurde weltweit Ray Krocs gedacht. Das sah so aus, dass die versammelten Führungsteams Seite an Seite, Shoulder on Shoulder, mit jenen arbeiteten, die das ganze Jahr über einen harten Job in der Küche machten. Das geriet natürlich mehr zu einem PR-Event als zu sonst etwas. So lud auch ich als Chef diverse Promis ein, die dann mit mir am Grill standen. Zugegeben medienwirksam.

Darüber hinaus wollte ich allerdings, dass jedes Mitglied der Zentrale eine echte regelmäßige Erdung erfuhr. Ganz ohne Blitzlichter und Fernsehkameras. Ich weiß nicht im Detail, wie die Kollegen der anderen europäischen Länder das hielten, doch bei uns hieß es für jeden, ohne Ausnahme, einmal im Jahr: Hinaus in eine Filiale und mitarbeiten. Eine Woche lang. Das war ein freiwilliges Müssen. Ein nicht verhandelbarer Teil der Leistungsbeurteilung.

Die Erfahrung zeigte: Wer zurückkam von der knochenharten Arbeit an der Basis, hatte fast immer eine lange Liste von Dingen bei sich, die dringend geändert, abgeschafft, eingeführt oder verbessert gehörten. Von schlecht verlegten Fliesen bis zu falschen Türen reichte die Palette. Oft genug bekamen wir von den eigenen Kollegen, weil sie noch im Schwung der Solidarität mit ihrer Ein-Wochen-Filiale ins Büro kamen, zu hören, was für Idioten wir in der Zentrale waren.

Das klingt nun alles fast so, als wollte ich Werbung für *McDonald's* machen. Keineswegs. Doch dieser Nebeneffekt, den die alljährliche Erdung der Oberschicht erzeugt (allein schon, wenn der Bauleiter, der Expansionschef oder der Marketingboss dieselbe Arbeit machen muss wie das scheinbar unbedeutendste Glied in der Kette) zeitigt Wirkung.

»Never be satisfied.«, sagte Ray Kroc. Ob Teamgeist, Organisation und Perfektion, oder dieses Durchstylen bis ins Kleinste. Bei alldem könnten sich viele etwas abschneiden.

Das Problem ist das Produkt. Die zweifelhaften Begleitumstände seines Entstehens. Seine Folgen für die Gesundheit. Die Perfidie, mit dem das Spiel betrieben wird. Die Weise, wie Menschen in die Abhängigkeit gelockt werden. Und das Motiv dahinter: Weil es entgegen allen Beteuerungen doch immer nur darum geht: maximaler Profit.

Fast-Food-Krankheiten und die Sorge um die Kinder

Schluss mit lustig: Ausstieg & Wandel

Nach fast zehn Jahren, die beiden letzten als Geschäftsführer für Österreich, und mit einem Rucksack voller Erfahrung auch auf internationaler Ebene, verließ ich *McDonald's* zum ersten Mal. Keineswegs im Streit oder Groll. Auch hatte ich am System Fast Food damals noch keinerlei Zweifel, oder jedenfalls nicht so gravierende, dass ich der Branche deswegen den Rücken kehren wollte. Es war vielmehr die Zeit, neue Ufer und Herausforderungen zu suchen. Ich wollte nicht länger in einem so großen Konzern arbeiten.

Die Folgestation hieß *Der Mann*. Kurt Mann, Chef der traditionellen Familienbäckerei und nunmehrigen Kette mit Dutzenden Standorten, hatte angedeutet, sich nach mehr als dreißig Jahren in der Backstube zurückziehen zu wollen, um das Leben zu genießen. Für mich war das der nächste logische Schritt. Ich stieg bei *Der Mann* ein. Nicht bloß als Geschäftsführer, sondern auch als Gesellschafter.

Nach knapp zwei Jahren jedoch sah es nicht nach Rückzug des Seniorchefs aus. Kurt Mann war damals erst Anfang fünfzig. Ich sah keinen Sinn darin, womöglich noch weitere Jahre zu warten, bis ich allein das Sagen hatte. Also machten wir einen sauberen Schnitt. Die Anteile, die ich erworben hatte, gab ich ihm zur Nominale zurück. Ganz ohne Wertzuwächse. Wir gingen beide zufrieden unserer Wege. Kein Tropfen böses Blut wurde dabei vergossen.

Mein Weg führte zurück in altes Fahrwasser. Die Brücken zu *McDonald's* hatte ich nie gänzlich abgebrochen, und nachdem sie mich dort um jeden Preis zurückhaben wollten, heuerte ich ein zweites Mal bei den Golden Arches an.

Zunächst als Vizepräsident für Personalangelegenheiten in der Region Zentraleuropa. Nach bereits zwei Monaten beschloss ich, mich ausschließlich auf das Österreich-Geschäft zu konzentrieren.

Ein kleiner Film und seine großen Folgen

Meine Rückkehr zu *McDonald's* fiel in jene Zeit, als *Super Size Me* weltweit für gehörigen Wind sorgte. Dieser kleine Film eines Wichtigtuers, wie wir ihn nannten, doch ein kleiner Film mit großen Folgen. Auch wenn das die Konzernmutter niemals so kommunizierte. Die Verantwortung der Company ist seither die immer gleiche. Nachzulesen beispielsweise auf der kanadischen Homepage von *McDonald's*, wo ein Kunde aus Toronto acht Jahre nach dem Film fragte:

»Was ist *McDonald's* offizielle Antwort auf den Dokumentarfilm *Super Size Me?*«

Antwort?

Zu Beginn die üblichen Hinweise auf Morgan Spurlocks unverantwortliche Aktion, darauf, dass er wider jede Vernunft und gegen den Rat seiner Ärzte gehandelt habe. Dann:

> *»Wir sind stolz auf unser Essen und glauben, dass es Teil einer ausgewogenen Ernährung sein kann. McDonald's war der erste Schnellimbiss, der vor mehr als 30 Jahren Informationen über seine Nahrung bereitstellte. Mit unserer Food-Facts-Broschüre in den 1970er Jahren. Unsere Bemühungen, ernährungsbewusste*

Menüs zur Verfügung zu stellen, gehen weiter und wir sind stolz, dass wir Alternativen wie Früchte und Ahornhaferflocken, Salate, Fruchtjoghurts und unsere neuen Echt-Frucht-Smoothies anbieten können, zusätzlich zu unseren klassischen Menüs ...«

Alles wie gehabt also.

In Wirklichkeit war der Wandel längst in Gang und die Krise, die *Super Size Me* hervorrief, eines seiner Sinnbilder. Als der Film 2004 herauskam, lag eine andere handfeste Krise noch gar nicht so lange zurück: BSE. Während weltweit, wie angedeutet, erstmals bei *McDonald's* in einem Quartal rote Zahlen in der Gesamtbilanz geschrieben wurden, gingen die Uhren in Österreich jedoch, wie so oft, anders.

Wir hatten einen Status, den es zu verteidigen galt.

Bei den unmittelbaren Nachbarn, in Deutschland etwa, brachen die Rindfleischumsätze weg, nachdem im November 2010 bei einer Kuh erstmals der Rinderwahnsinn diagnostiziert worden war. Anfangs hatten auch wir in Österreich einen Switch zu verzeichnen. Weg vom Rind. Hin zum Huhn. Doch das hielt nicht lange an. Die Menschen glaubten an Qualität und Sicherheit heimischer Ware. Das Vertrauen war bald wiederhergestellt.

Inzwischen war es um die regionale Eigenständigkeit in Österreich aber immer schlechter bestellt. Der Preisdruck seitens der Europazentrale (damals noch in London und nicht, wie heute, in Frankreich) wuchs und wuchs. Plötzlich war zentralisieren das große Modewort. Da vor allem beim

Einkauf, weil so alles noch billiger wurde und der Profit noch größer.

Das ist einerseits normal, weil international üblich und aus rein unternehmerischer Sicht nachvollziehbar. Synergien wollen erkannt und genützt werden. Vor allem, wenn das Wachstum nicht mehr so selbstverständlich dahingaloppiert wie gewohnt.

Andererseits konnten wir unseren Konsumenten nicht länger vormachen, unser gesamtes Fleisch stammte nach wie vor aus Österreich. Das war bis dahin immer der Fall, und das brachte uns auch ziemlich gut über die die erste heiße BSE-Phase hinweg, weil der Trumpf mit der heimischen Herkunft gut ankam. Der erste BSE-Fall kam ja erst ein Jahr später. Allerdings kam es nie zu einer Epidemie, wie zuvor in England. Österreich hatte innerhalb von zehn Jahren ganze acht Fälle zu verzeichnen.

Das spielte aber auf Dauer keine Rolle. Auf einmal sollte es das Rindfleisch aus Polen sein. Trotz der unseligen Quertransporte über Länder hinweg. Oder die Billigsthühner aus Spanien und nicht länger die bewährte Ware eines steirischen Großlieferanten. Alles sollte aus ein und demselben europäischen Sourcing-Paket kommen. Und die Deutschen gaben uns die Schlagzahl vor.

»Wie stellt ihr euch das vor?« Das war meine Standardfrage damals. Antwort: »Ihr seid die Einzigen, die immer Extrawürste wollen. Damit muss Schluss sein.«

Beim Rindfleisch habe ich mich bis zuletzt quergelegt, und es stammt auch heute noch aus heimischer Produktion.

In anderen Bereichen wurde der Druck, unser Inseldenken aufzugeben, irgendwann zu groß. Als Argument, das wir an die Konsumenten weiterreichen sollten, bekamen wir zu hören:

»Ändert eure Strategie! Wenn jemand fragt, so sagt nicht länger: Das ist Österreich-Qualität. Sagt stattdessen: Das ist die McDonald's-Qualität!«

Mit diesem Argument in der Hinterhand: Wir stehen für die höchsten Sicherheitsstandards. Unsere Qualität ist Top Credit. Sie ist höher anzusetzen als das, was ihr sonst kennt. Höher auch als das AMA-Gütesiegel.

»Höher als das AMA-Gütesiegel?«, dachte ich damals. In Österreich ist dieses Zertifikat fast so etwas wie ein Heiligtum. Ich muss gestehen, mir fehlt die Fachkenntnis, um darüber zu befinden. Aber ambitioniert waren diese Worte allemal.

Ähnliches galt damals auch für die Panade bei den Chicken McNuggets. Die hatten wir als einziges Land weltweit in der Crispy-Variante, also mit echten Bröseln wie beim Backhendl. Die Nuggets waren anfangs ein Ladenhüter. Die Österreicher lieben eben ihre Panier. Als wir die Panier selbst produzierten, oder besser gesagt in Enns in Oberösterreich produzieren ließen, wurden sie zum Renner. Aber auch damit war eines Tages Schluss, weil es sich anderswo im großen Pool billiger herstellen ließ.

Sind die jetzt auf einmal grün?

Unselig aus meiner Sicht auch die Entscheidung, mit dem Salat-Plus-Konzept, das direkt nach *Super Size Me* kam, flächendeckend über alle drüberzufahren. Den hochrangigen Vertretern aus Übersee, die in alle Welt losgeschickt worden waren, um die lückenlose Umsetzung zu überwachen, war das ziemlich egal.

Einerseits war das Werbebudget für Salat + das höchste, das bis dahin jemals für ein Einzelprodukt in die Hand genommen wurde. Andererseits trug es uns den umsatzschwächsten Monat seit Gedenken ein. Das hatte zwei Gründe:

1. Die Menschen waren verwirrt. Vor allem unsere Heavy User und Super Heavy User. Also in Wirklichkeit fast alle. Die Leute haben sich gefragt: Sind die jetzt auf einmal grün geworden?
2. *McDonald's* Österreich hatte bereits ein Salat-Konzept: Shake Salad hieß das. Das gab es auch nur bei uns. Eine Packung Salat, und auf der Innenseite des Deckels war eine verschweißte Plastikfolie.
   Im Hohlraum darunter das Dressing. Das wurde im Land produziert bei Woyna. Die machen auch die Gabelbissen. Deckel runter, Folie abziehen, Deckel rauf. Schütteln. Fertig. War extrem erfolgreich. Bis die Kohorten angeflogen kamen und mit dem Gleichmacher-Stift von Salat + drüberfuhren.

Das Ergebnis war, dass ein gutgehendes Konzept in den Keller gefahren wurde. Stattdessen hatten wir einen allgegenwärtigen Einheitssalat. Gleiches Produkt. Gleiche Saucen. Gleiches Erscheinungsbild. Auf einmal war alles grün. Die Leute, die zu uns kamen, waren anfangs wirklich durcheinander. Für viele war das gleichbedeutend mit: Da hat einer seine Identität verloren. Dabei wollten die meisten das gar nicht. Daran sieht man auch, wie die Menschen ticken.

Wir haben es dann einmal mehr auf Österreichisch gemacht. Warten, bis sich die Wogen geglättet haben, dann langsam zurück zur eigenen Identität. So etwas wie eine McDonald's-Weltlinie gab und gibt es ja in Wirklichkeit nicht. Was bei uns lief, war Europalinie.

Wobei man schon sagen muss: Bei all den mehr oder minder gesunden und grünen Varianten, die *McDonald's* anbietet, hält sich der Konzern generell mit Verkaufszahlen sehr bedeckt. Da geht nichts raus. Bei den anderen Fast-Food-Anbietern ist es dasselbe. Das war immer so. Das ist so. Das bleibt bestimmt auch so. Die Gründe liegen wohl auf der Hand.

Auch daran ist die Scheinheiligkeit des Systems Fast Food abzulesen. Weil der Fast-Food-Markt niemals grün war und niemals grün sein wird. Weil das bloße Pseudo-Aktionen sind. Lippenbekenntnisse im grünen Mäntelchen, die so klingen: »Ja, natürlich wollen wir Salat anbieten.« Und im selben Atemzug: »Nein, den Profit darf das nicht schmälern.«

Irgendwann war die viel gepriesene Autonomie nur noch ein leeres Wort auf einem Blatt Papier. Der angeblich so bedeutende regionale Geschmack auch. Cost-cutting, also Kostenreduktion um jeden Preis, herrschte nun als oberstes Gebot.

So wurde es alles in allem immer unlustiger. Geht dir in so einem Konzern die interne Hausmacht verloren, macht es keinen Spaß mehr. Auch der Umgang mit den sehr mächtigen Regionalfürsten, wie wir die Regionen-Bosse nannten, wurde zunehmend rüder. An einem, ein *McDonald's*-Mann der frühen Stunde sozusagen, der 1977 im ersten Restaurant angefangen und mehr als 20 Länder aufgebaut, der bis zu 150.000 Mitarbeiter unter sich gehabt hatte, wurde regelrecht ein Exempel statuiert. Vor seinen Mitarbeitern ließ man ihn sein Büro räumen. Von jetzt auf gleich.

Gewiss, in der Welt des knallharten Business ist das nichts Ungewöhnliches. Alte, vielleicht schon zu starke Strukturen zu zerschlagen und es unter der Prämisse zu verkaufen, man wolle Neues schaffen, damit auch Neues entstehen könne, ist in Management-Lehrgängen ein beliebtes Werkzeug.

Stilvoller Umgang sieht jedoch anders aus.

Im März 2006 verließ ich *McDonald's* endgültig. Abermals nicht im Unfrieden. Doch ernüchtert und froh, mich endlich anderen Aufgaben widmen zu können.

Der größte Blödsinn überhaupt

Jeder Mensch macht in seinem Leben etwas, von dem er später einmal sagen wird: Das war der größte Blödsinn überhaupt. Bei mir war es, meiner Eitelkeit zu erliegen zu einem Zeitpunkt, als meine Karriere auf ihrem Zenit war und ich dachte, es käme immer noch mehr.

2005, als ich noch bei *McDonald's* war, hatte meine Frau gemeinsam mit einem Investor den Bäckereifilialisten Hubert Auer übernommen. Sie kam aus dem Bankerwesen, hatte also den Finanz- gegen den Brotberuf getauscht.

Im selben Jahr hatte es auch in meinem Leben eine große Veränderung gegeben. Ein alter Kindheitstraum wurde mehr oder weniger über Nacht Wirklichkeit. Man hatte mir das Angebot gemacht, den GAK zu übernehmen.

Präsident nicht eines, sondern genau dieses Fußballvereines zu werden, war für mich nichts anderes als eine Herzblutgeschichte. Ich wusste natürlich, wie es um den Grazer Traditionsklub bestellt war. Zumindest dachte ich das.

2002 hatte der damalige Präsident Rudi Roth nach Gründung einer AG folgendes verkündet: »Der Schuldenstand beträgt ab heute Null.« In der Saison 2003/2004 setzte der Club zu seinem letzten großen Höhenflug an. Der GAK gewann das Double. Cupsieger und österreichischer Fußballmeister. Damals schon war es um die Finanzen nicht sonderlich gut bestellt, die Engpässe zwangen die Vereinsführung zu Zugeständnissen auf dem Transfermarkt.

Dann, im April 2005, gab das amerikanische Sportvermarktungs-Unternehmen IMG die Garantie eines Zehn-Jahres-Vertrags ab. Einnahmen von fünfzig Millionen Euro winkten und mit ihnen dem Verein eine unerwartet rosige Zukunft. In diesem Jahr, im Juni, wurde ich Präsident. Meine Frau war alles andere als begeistert. Nicht nur, dass ich bei *McDonald's* jobbte, jetzt auch das noch.

Heute weiß ich: Geht es dir viel zu lange viel zu gut, verlierst du die Bodenhaftung. Ich fühlte mich geschmeichelt von dem Angebot. Streicheleinheiten für das Ego, könnte man sagen. Also sagte ich zu.

Ich schwebte gewissermaßen auf Wolke sieben. Der *McDonald's*-Spirit steckte ja auch noch so tief in mir. Ich hatte alles erreicht. Vom verhältnismäßig kleinen Personalchef zum Geschäftsführer. Dazu die internationalen Aufgaben für den Konzern. Was konnte mich schon stoppen? Etwa ein Verein, der mit ein paar Problemen zu kämpfen hatte?

Der Absturz ließ nicht lange auf sich warten. Nach einem Jahr GAK-Präsidentschaft legte ich das Amt im Juli 2006 nieder. Bei *McDonald's* hatte ich vier Monate zuvor, im März, aufgehört zu arbeiten.

Allzu viele große Worte über die Begleitumstände darf ich an dieser Stelle nicht verlieren. Die Sache mit dem GAK ist für mich bis heute nicht ausgestanden. Seit dreizehn Jahren nunmehr werde ich, gemeinsam mit drei anderen ehemaligen GAK-Bossen, von der Staatsanwaltschaft als Beschuldigter geführt. So etwas wie eine Anklage gibt es bis heute nicht. Ein Prozess ist jedoch immer noch möglich, darum darf ich öffentlich nichts sagen, was man mir später vorhalten könnte.

Nur so viel kann ich hier festhalten: Als ich den Verein übernahm, kannte mein persönlicher Höhenflug keine Grenzen. Ich war felsenfest überzeugt, den Karren aus dem Dreck zu ziehen. Warnungen meiner Frau, ich möge alle finanziellen Agenden einem externen Steuerberater übergeben, schlug ich leichtfertig in den Wind. Schließlich war mein Vize-Präsident selbst Steuerberater und Wirtschaftsprüfer. Wie sah das denn aus, wenn ich ihm diese Agenden entzog? Wäre damit, dachte ich bei mir, nicht schon zu Beginn alles Vertrauen beim Teufel?

Die permanente Geldknappheit des Vereines war nicht mehr zu bewältigen. Ich hatte mich übernommen, meine Fähigkeiten überschätzt. Im Irrglauben, es selbst hinzubekommen, hatte ich obendrein persönliche Haftungen übernommen. Ich entließ damals auch den Trainer, die einstmalige Stürmerlegende Walter Schachner, um es dem Verein mit seinen Finanzen einfacher zu machen. Als ich mir selbst eingestand, dass nichts mehr zu machen war, legte ich die Präsidentschaft zurück.

Ich ging. Meine Haftungen blieben.

Im März 2007 schlitterte der GAK endgültig in die Pleite. Konkursantrag. Die Schulden waren inzwischen auf über drei Millionen Euro angewachsen, schon bald waren es fünf. Der weitere Niedergang des Vereines ist bekannt: Verlust der Lizenz für die Bundesliga, Absturz in die Regionalliga. Dort spielt der GAK heute noch.

Während dieser Zeit, nach dem Ende meiner *McDonald's*-Ära, hatte ich begonnen, bei meiner Frau mitzuarbeiten. Fast fünf Jahre lang. Bis 2010. Ich begann, mir nebenher ein kleines Gastro-Reich aufzubauen. Pizzerien. Eissalons. Eine Tankstelle war auch dabei. All das letztlich unter dem Aspekt, meine Schulden beim GAK abzubezahlen. Auf diese Weise bediente ich die Verbindlichkeiten regelmäßig. Über Jahre hinweg.

Bis es eines Tages nicht länger ging. Bis nicht nur der GAK hatte Insolvenz anmelden müssen, sondern in seinem Fahrwasser auch ich. Die Mietverträge für die Pizzerien, die ich betrieb, waren allesamt langfristig abgeschlossen, auf zwanzig Jahre. Zwischen vier- und fünftausend Euro betrug die monatliche Miete pro Standort. Mit meiner Insolvenz wurden sie alle schlagend. Die volle Summe. Auf knapp vier Millionen Euro beliefen sich die Forderungen. Mit so einem Rucksack war es auch nicht möglich, eine ordentliche Quote für einen Konkurs zusammenzubringen.

Projekt Vollpension: Urlaub für die Seele

Ich war auf dem Boden. Aber ich bin nicht liegengeblieben. Ich bin wieder auf die Beine gekommen. Nicht zuletzt dank meiner Frau. Mit ihrer Hilfe darf ich heute ein Projekt mitbetreuen, das mir ans Herz gewachsen ist, wie schon lange nichts mehr. Dieses Projekt:

Vollpension.

In der Fachsprache handelt es sich um ein so genanntes Social Business, eine Hybridform aus Gastronomiebetrieb und gemeinnützigem Zweck. In Wirklichkeit jedoch die Vollpension Urlaub für die Seele.

Das System funktioniert so: Ein Generationen-Kaffeehaus, in dem Jung und Alt zueinander finden. Das Team besteht aus gut drei Dutzend Mitarbeiterinnen und Mitarbeitern. Gut die Hälfte sind (das ist die Bedingung) alleinstehende Seniorinnen und Senioren. Menschen aus Wien oder der näheren Umgebung, die ihr Leben lang hart gearbeitet haben, nun jedoch aufgrund ihrer Mindestpensionen scharf an der Armutsgrenze leben müssen.

Seit es die Vollpension im vierten Wiener Gemeindebezirk gibt, haben diese Menschen wieder eine Perspektive. Die knapp 400 Euro, die sie im Monat per Gesetz dazuverdienen dürfen, bedeuten für die meisten eine »Aufbesserung« ihrer finanziellen Möglichkeiten um fünfzig Prozent. Hinzu kommt, dass sie so der sozialen Ausgrenzung entkommen, unter der sie bis dahin litten. Kein Wunder, wenn man in einer Stadt wie Wien von 800 Euro im Monat alles bestreiten muss. Von der Miete bis zur neuen Waschmaschine. Da ist ein kleines Bier außer Haus ein fast schon unerschwinglicher Luxus.

Serviert werden in der Vollpension neben warmen Speisen mit so klingenden Namen wie *Opa Pikant, Die Gerti* oder *Erbschleicher* auch Mehlspeisen, allesamt von den Mitarbeitern hausgemacht. Unterstützt werden sie von den Jungen im Team. Das Lokal ist längst hip. Ein Ort der Begegnung mit Wohnzimmerflair und Couch-Feeling, der bereits die Aufmerksam der Presse in der halben Welt auf sich gezogen hat. Manchmal ist auch vom Oma-Wohlfühlfaktor und ähnlichem zu lesen.

Für mich ist die Vollpension aber noch weit mehr als das. Sie ist einer der mitentscheidenden Faktoren in meinem Leben, die mich zum radikalen Umdenken bewogen haben.

Auf einmal kochte mein altes Leben in mir hoch

Im Mai 2017 war ich mit meiner Frau und meinen Eltern in Florida. Mein Bruder hat dort ein Haus. Es war eine sehr entspannte Zeit. Entschleunigung total. Mein Leben hatte sich einigermaßen eingependelt auf das neue Niveau. Die GAK-Geschichte war ruhend, und auch sonst gab es keine großen Aufregungen.

Ich begann zu reflektieren. Ich spürte auf einmal, dass etwas, das seit ewigen Zeiten in mir brodelte, hoch zu kochen begann. Ich begann zu recherchieren. Zuerst bloß ein paar Videos auf YouTube. Dann, im Sog dieser Eindrücke, die ersten Studien. Dann weitere. Immer mehr. Sie alle hatten ein übergeordnetes Thema, das mir in drei Begriffen vor Augen stand:

Fast Food. Ernährung. *McDonald's.*

Die Beschäftigung mit der Thematik entwickelte sich zum Rausch. Noch im Urlaub begann ich, radikal meine Ernährung zu ändern. Ich wog damals 110 Kilo, bin aber nicht sonderlich groß. Früher, als ich noch Manager bei *McDonald's* war, war ich selbst fast jeden Tag Kunde. Junkfood ohne Ende war auch in meinem Leben als Konsument Programm. Unterwegs den Hunger zu stillen, hatte für mich immer geheißen:

Fast Food.

Damit war Schluss. Ich beschloss, kein Fleisch mehr zu essen. Vegetarier bis zur allerletzten Konsequenz bin ich deshalb keiner geworden. Gastgeber, die von meiner Umstellung nichts wissen und Fleisch servieren, stoße ich deshalb nicht vor den Kopf, indem ich total verweigere. Doch soweit es geht, übe ich Verzicht.

Das alles hat mit dem zu tun, was damals in Florida in mir vorging. Damit, dass ich immer intensiver forschte, immer besessener wurde, immer zorniger. Auch auf mich selbst und die Rolle, die ich so lange unreflektiert gespielt hatte. Recherchen, die mich mitunter auch zu jenen Krankheiten führten, die alle als Folgen von übermäßigem Fast-Food-Konsum zu bezeichnen sind. Krankheiten wie:

- Arthritis
- Bluthochdruck
- Herzerkrankungen
- Atemwegsbeschwerden
- Gallenblasenleiden
- Stoffwechselstörungen
- Fettleber
- Diabetes Typ 2
- Insulin-Resistenz
- Asthma
- Gicht
- Schlaganfall
- Unfruchtbarkeit
- Eierstockzysten
- Hormonstörungen
- Schlafstörungen

Und natürlich diese vier:

- Gebärmutterkrebs
- Prostatakrebs
- Brustkrebs
- Dickdarmkrebs

Sie alle sind mehr oder weniger direkte Folgeerscheinungen der weltweiten Epidemie, von der ich Ihnen schon erzählt habe: Adipositas. Einen der vielen Hauptschuldigen hatte ich natürlich auch längst ausgemacht: Zucker.

Und dann stieß ich auch noch darauf (ich habe es zu Beginn angedeutet): eine Studie[5] aus Kanada, erstellt von der Universität in Montreal in Zusammenarbeit mit dem Herzinstitut von Montreal. Die knappe, doch unmissverständliche Botschaft:

Jede einzelne Junk-Food-Mahlzeit
schädigt Ihre Arterien!

Jede einzelne dieser Mahlzeiten ist auch messbar. Gleich nach dem Verzehr. Die Forscher wollten wissen, ob und wie sich der Unterschied auswirkt, wenn jemand Fast Food zu sich nimmt oder stattdessen mediterrane Kost. Auf einen einfachen Nenner gebracht: Was macht es mit unseren Blutgefäßen, wenn wir Nahrung mit überwiegend gesättigten oder ungesättigten Fetten und Fettsäuren zu uns nehmen?

---

5 https://www.icm-mhi.org/en/new-study-reveals-every-single-junk-food-meal-damages-your-arteries

Dafür wurden 28 Männer engagiert. Alle Nicht-Raucher. Schließlich ging es ja darum herauszufinden, wie leicht sich die Arterien der Probanden nach dem Essen und einer fünfminütigen Verschließung wieder erweiterten (der erwünschte Zustand) oder eben nicht (der unerwünschte). Dafür brauchte es Menschen, deren Arterien nicht schon durch Rauchen vorbelastet waren. Untersucht wurden die sogenannten Endothele, die Zellschichten an der Innenfläche der Blut- beziehungsweise Lymphgefäße.

Die mediterrane Kost bestand aus Lachs, Mandeln und in Olivenöl zubereitetem Gemüse, 51 Prozent aller Kalorien stammten aus überwiegend ungesättigten Fetten.

Die Junk-Food-Kost bestand aus einem Sandwich mit Sauce, dazu ein Ei und eine Scheibe Käse sowie drei Kartoffelpuffer. Hier stammten 58 Prozent aller Kalorien von gesättigten Fettsäuren, dafür ohne die gesunden Omega-3-Fettsäuren, wie sie gehäuft in Fisch, ausgewählten Speiseölen (Raps, Hanf, Leinen, Walnuss et cetera), diversen Gemüse (Karfiol, Spinat, Bohnen, Avocado) oder Nüssen und Soja vorkommen.

Vorgegangen wurde wie folgt: Alle 28 Personen mussten erst zwölf Stunden fasten, um den Basiswert der Tätigkeit in den Endothelen zu ermitteln. Dann wurde ein Ultraschall gemacht, an der Schlagader in der Ellbogenbeuge, auch Arteria brachialis genannt. Danach bekamen sie die mediterrane Kost serviert.

Eine Woche später das gleiche Prozedere. Diesmal mit Junk-Food.

Ergebnis: Nach Sandwich und Co. gingen die Arterien der Männer um ein Viertel weniger auf, als zuvor beim mediterranen Mahl, in genauen Zahlen: um 24 Prozent. Die Langzeitfolgen sind zumindest all jenen leidlich bekannt, die schon einmal Probleme in diese Richtung hatten oder aktuell haben: Die Durchblutung wird schlechter, es kommt zur Arteriosklerose, schlimmstenfalls zu einem akuten Totalverschluss der Blutgefäße.

Mögliche Folgen: Thrombose, Herzinfarkt. Schlaganfall und so weiter.

Eine spannende Nebenerkenntnis der Studie ist auch: Wer in seinem Blut erhöhte Werte bei Triglyceriden hat, profitiert ebenfalls von der mediterranen Kost. Sie hilft, die überschüssigen Fette im Blut abzubauen.

Da saß ich also im Haus meines Bruders im schönen Florida und dachte über all das nach. Darüber, was ich gelesen, irgendwo im Hinterkopf immer gewusst und doch so lange Jahre achtlos beiseitegeschoben hatte. Anfangs kam ich mir auch noch etwas seltsam vor in meiner neuen Rolle. Ein Ex-Manager von *McDonald's*, der vom Saulus zum Paulus mutiert? Doch dann hatte ich mich entschieden:

Ich musste etwas tun.

Wenn Weltkonzerne Wissenschaftler kaufen

Guter Zucker, böses Fett?

Der massive Einsatz von Zucker, um die Menschen systematisch ans weiße Gift zu binden, stand in der sich rasant entwickelnden Fast-Food-Industrie von Anbeginn außer Streit. Immer härter ausgefochten wurden die Kämpfe um Marktanteile. Dabei ausgerechnet eine der tragenden Säulen des Abhängigmachens in Frage zu stellen, war undenkbar.

Unter dem Verdacht, ein Krankmacher zu sein, stand industrieller Zucker natürlich längst. Egal, ob der gute alte Kristallzucker oder der heute massenhaft verwendete Maissirup, der nicht nur größtenteils aus dem Anbau genmanipulierter Pflanzen gewonnen wird, sondern enorm billig ist. Aus Sicht der Fast-Food-Industrie lässt sich sagen:

> *Industrie-Zucker ist der Traum schlechthin. Er lockt die Leute an, hält sie als Kunden bei der Stange, beschert maximalen Umsatz und kostet selbst so gut wie gar nichts.*

Ich kann mich nicht erinnern, dass die Rolle von Zucker zu meiner Zeit bei *McDonald's* oder bei anderen aus der Branche jemals hinterfragt worden wäre. Und wenn doch, so bloß als Beruhigungspille für Teile einer zunehmend kritischen, zunehmend beunruhigten Öffentlichkeit. Tatsächlich groß etwas daran zu ändern, war nie Teil irgendeines Masterplans.

Zumindest sprach er sich nicht bis zu uns herum.

Aufstieg der Fast-Food-Industrie und immer massivere Überzuckerung von Fertig- oder Junk-Produkten gingen zeitlich Hand in Hand. Anfang der 1960er Jahre, als Ray Krocs Filialen wie Pilze aus dem Boden schossen und für Furore sorgten, herrschte andernorts ebenso Aufregung: in der Welt der Forschung.

Es war dies der Auftakt zum triumphalen Siegeszug der Zuckerindustrie, im Paarlauf mit den Fast-Food-Riesen. Der mit äußerst zweifelhaften Mitteln errungene, vernichtende Sieg über kritische Stimmen und letzten Endes über alle Bemühungen, die Gesundheit von Abermillionen von Menschen in aller Welt nicht der blinden Profitgier zu opfern.

Was war geschehen?

»Projekt 226«: Erfolgslügen für ein Butterbrot

In den späten 1950er Jahren kam es in den USA zu einem sprunghaften Anstieg tödlicher Herzerkrankungen. Außerdem begannen die bis dahin einigermaßen stabilen Zahlen fettleibiger Menschen stark nach oben auszuschlagen. Dieser beunruhigende Trend setzte sich Anfang der Sechziger fort, sodass in der Welt der Wissenschaft eine heftige Debatte aufkeimte.

Mittlerweile gab es eine Vielzahl von Untersuchungen, die allermeisten verwiesen auf zwei Hauptschuldige der Misere: Fett und Zucker. Und so erfolgte 1962 die Geburtsstunde einer der größten systematischen Manipulationen wissenschaftlicher Arbeiten der Geschichte. Mit dramatischen Auswirkungen für die gesamte Menschheit, die bis ins Heute reichen. Diese Manipulation trägt auch einen Namen:

Projekt 226.

Dahinter steckte die Sugar Research Foundation, wie sie damals hieß, die Amerikanische Stiftung für Zuckerforschung. Heute nennt sie sich Amerikanischer Verband der Zuckerindustrie. Die beunruhigende Zahl von Studien, die damals schon dem industriellen Zucker eine wesentliche Rolle sowohl bei Adipositas wie auch den vielen Herztoten zusprach, ließ die Vereinigung auf eine bitterböse List verfallen: Ein möglichst renommierter Forscher musste her. Gleichsam als Testimonial dafür, dass die Hauptschuld den anderen Verdächtigen traf.

Das Fett.

Niemand schien sich besser zu eignen als Fredrick Stare, einer der führenden Ernährungswissenschaftler jener Tage. Er hatte erst kürzlich in den *Annals of Internal Medicine* zwei Beiträge veröffentlicht, die die Bedeutung der Blutzuckerwerte zur besseren Vorhersage von Atherosklerose herausstrichen. Das bestätigte auch die Vermutungen eines gewissen John Yudkin, ein ebenfalls sehr angesehener Ernährungswissenschaftler aus London, der in dem Spiel um Macht und Geld noch eine tragische Rolle einnehmen sollte.

Die Strategie der Zuckerindustrie war diese: Sie mussten einen kritischen Geist wie Stare an Bord holen, um die Dinge ins rechte Licht zu rücken. Sprach einer wie Stare den Zucker mehr oder minder frei von Schuld, hatte das Gewicht. Man könnte auch sagen: Der Bock sollte zum Gärtner gemacht werden.

Der Zucker sollte keineswegs als völlig harmlos dargestellt werden. Er sollte bloß in einem milderen Licht dastehen, im Vergleich zu den (vor allem gesättigten) Fetten als das bei weitem geringere Übel.

Dass zu viel Cholesterin und Herzerkrankungen irgendwie zusammenhingen, war auch in den 1960er Jahren schon die vorherrschende Lehrmeinung. Daran hat sich bis heute prinzipiell nichts geändert. Sieht man von der Ursache erhöhter Cholesterinwerte ab. Mittlerweile deutet nämlich vieles auf genetische Ursachen hin und immer weniger bloß auf die Ernährung. Damals jedoch bestanden nur zwei Wahlmöglichkeiten als Antwort auf die Frage, woher das viele Cholesterin kam:

Fett? Oder doch Zucker? Pest oder Cholera?

Die vielen Toten durch koronare Herzerkrankungen und die beginnende Adipositas-Plage verlangten nach einem Schuldigen. Der sollte, so die Zuckerlobby, diesen Namen tragen: Fett (beziehungsweise gesättigte Fettsäuren als Ursache für den Cholesterinanstieg). Ihm wollte man den Schwarzen Peter zuschieben.

Für Unruhe sorgte zur selben Zeit auch John Yudkin, der sich mit der Erforschung des Vitamin A einen Namen gemachte hatte und die vielen zuckerhaltigen Getränke, die es neuerdings auf dem Markt gab, für das Problem verantwortlich machte. Seine These: Zucker sei erst seit rund 300 Jahren zentraler Teil der Nahrung, insbesondere in der westlichen Welt. Fette hingegen, auch die gesättigten (die sich sogar in der Muttermilch fänden) seit jeher, wie die Evolution belege.

Yudkin zufolge war der relativ neue Stoff Zucker das echte Übel, während Fett eine Art prähistorisches Grundnahrungsmittel darstellte. Klar war auch: Was er öffentlich von sich gab, rief bei den Zuckerbaronen größten Unmut hervor.

Die Zuckerlobby verlor keine Zeit. Schon zwei Tage nachdem Fredrick Stares Arbeiten in der angesehenen Tageszeitung *Herald Tribune* besprochen worden waren, ging das Projekt 226 auf Schiene. Stare sollte als Leitautor einer neuen Studie herhalten, ihm zur Seite die beiden Forscher Robert McGandy und David Mark Hegsted von der Harvard Universität.

Hegsted bekam ursprünglich 500 US-Dollar für seine Arbeit geboten, McGandy das Doppelte. Die Hälfte sofort, den Rest bei Publikation nach Wunsch. Die Forscher willigten ein. In Summe wurden es dann doch 6.500 Dollar, eine immer noch lachhaft geringe Summe. Heute wären das rund 50.000 Dollar. Eine lohnende Investition jedenfalls.

Die neue Studie gab der Welt den Takt vor

Das Team (alle drei sind mittlerweile verstorben) leistete ganze Arbeit. Veröffentlicht wurde ihre Studie im Juli 1967 in zwei Teilen im New England Journal Medicine, einer sehr einflussreichen Fachzeitschrift. Die Autoren sprachen über den Stand der Forschung, verschwiegen auch nicht, dass Zucker ein Problem sein könnte. Die Hauptursache jedoch läge anderswo.

Die gesättigten Fettsäuren seien es. Sie müssten vermieden werden. An ihrer Stelle sollten die Menschen vermehrt ungesättigte Fettsäuren zu sich nehmen. Und cholesterinhaltige Nahrung meiden, um die Werte zu senken und Herzinfarkte zu vermeiden. Das alles seriös erforscht …

»… auf der Basis von epidemiologischen, experimentellen und klinischen Beweisen …«

Im Fazit der Studie wurde der Zucker gar nicht mehr erwähnt (ebenso wenig, wer die Studie finanziert hatte, und der Name Projekt 226 tauchte auch nirgendwo auf).

Damit war die Sache gegessen. Von da an hieß es in der Fachwelt und bald schon in der Öffentlichkeit:

Fett ist schlecht. Wer gesund leben will, muss auf fettarme Kost setzen. Und das Cholesterin reduzieren.

Ein weltweiter Trend auf Jahrzehnte hinaus war geboren. John Yudkin hatte seine Rechnung letztlich ohne den Wirt gemacht, ohne seine Welt der Wissenschaft. Die Hypothese vom bösen Fett beherrschte fortan das Fachgebiet. Wer sich trotzdem auflehnte, wurde mit allen Mitteln in Misskredit gebracht. Yudkins Gegner waren hocherfahren darin, Wissenschaft politisch zu instrumentalisieren. Fett und Cholesterin waren die festgeschriebenen Übeltäter, und John Yudkin nichts als ein Schwätzer, den man ruhigstellen musste.

So geschah es auch. Yudkin lehnte sich auf. Yudkin wurde ruhiggestellt. Man grenzte ihn systematisch aus. Einladungen zu Konferenzen wurden kurzfristig wieder zurückgezogen, Fachmagazine nahmen lieber doch die Arbeiten von Kollegen. Zwar gab es noch Forscher, die ähnlich dachten wie er, doch Yudkins Beispiel schreckte ab. Niemand wollte es auf eigene Faust versuchen, niemand wollte ein ähnliches Schicksal erleiden.

Nichtsdestotrotz publizierte John Yudkin sein Hauptwerk *Pure, White and Deadly*, und es erschien auch unter *Süß, aber gefährlich* auf Deutsch, geriet aber bald in Vergessenheit. Wie sein Autor auch.

Bis vor knapp drei Jahren. Da tauchten mehr als 300 historische Dokumente auf, die über Jahrzehnte in Bibliotheken vergraben waren. Ihre wissenschaftliche Analyse ließ die Geschichte von Zucker und Fett in einem völlig neuen Licht erscheinen. Der Bericht wurde im *JAMA Internal Medicine*[6] gedruckt und zeigte erstmals auf, was damals wirklich geschehen war.

Die zahnlose Rechtfertigung der Zuckerlobby

»Damals gab es nicht die gleichen Regeln von Transparenz wie heute«, war eine der Antworten seitens der Zuckerindustrie auf die Enthüllungen. Soll heißen: So etwas wäre heute gar nicht mehr möglich.

---

6 https://jamanetwork.com/journals/jamainternalmedicine/article-abstract/2548255

Taktik zwei, auch klassisch: Anschwärzen des Feindes. In diesem Fall in Person von Stanton Glantz von der Uni in San Francisco, der die Unterlagen in den Archiven ausgrub. Glantz hatte sich bereits in den 1990er Jahren einen Namen gemacht, als er den Einfluss der Tabakindustrie, die mit ganz ähnlichen Mitteln zu Werke ging, enthüllte.

Vorwurf gegen den Aufdecker: seine angeblich verwerfliche Motivation, das zu tun. Weil er bloß der aktuellen Debatte zum Anti-Zucker-Trend zusätzlichen Treibstoff liefern wolle. Außerdem sei es »generell nicht nur bedauerlich, sondern auch ein schlechter Dienst«, wenn Forschung als verdorben gebrandmarkt werde. Bloß weil die Industrie sie finanziert habe. Tatsächlich hatten Glantz und sein Team das zweifelhafte Spiel in der ganzen Dimension erst offengelegt. Nicht zuletzt auch internen Schriftverkehr, der den generalstabsmäßigen Plan zur öffentlichen Meinungsmache entlarvte.

Ernsthafte Forschung zu betreiben, was Zucker dem Körper antut, ist erst seit rund zehn Jahren wieder möglich. Der New Yorker Kinderarzt Robert Lustig, Experte auf dem Gebiet der Adipositas, ist so etwas wie ein Pionier dieser neuzeitlichen Zuckerforschung. Er stieß rein zufällig auf die fast schon verstaubten Forschungsergebnisse Yudkins. Seither treibt er sie mit aller Konsequenz voran.

Eines der Ergebnisse dieser allerjüngsten Untersuchungen ist zum Beispiel, dass Diabetes wie auch Fettleibigkeit nicht allein von der Kalorienmenge abhängen dürften, sondern auch davon, in welcher Form wir den Treibstoff zu uns nehmen. Zucker, so scheint es, ist dabei die schlechteste Wahl von allen. So brachte ein Team[7] rund um den Forscher Sanjay Basu dies zutage:

Die Kalorien, die Menschen aus Zuckerquellen zu sich nehmen und nicht durch andere Nahrung, führen elf Mal so oft zu Diabetes, Typ 2. Ganz egal, wie hoch der Body-Mass-Index eines Menschen ist. Ganz egal, wie viel Sport ein Mensch betreibt.

Geschlagen geben sich deshalb aber weder *McDonald's* und Co. noch die anderen Fast-Food-Produzenten, so sehr die Rolle ihres Produktes als schädlich oder wenigstens bedenklich einzementiert scheint. Und am allerwenigsten schreckt die Zuckerindustrie auf. Sie hat im Gegenteil begonnen, die alte Geschichte aus den Sechzigerjahren als »Märchen von der Zuckerverschwörung« abzuwerten.

So berichtete erst vor einem Jahr unter genau diesem Titel die Frankfurter Allgemeine Zeitung von einem Artikel in der renommierten Zeitschrift Science, worin zwei Medizin-Historiker zu Wort kamen, David Merritt Johns und Gerald M. Oppenheimer. »Es hat diese Zuckerverschwörung nie gegeben«, sagten sie. Alles sei ganz anders gewesen.

Wissenschaftliches Fehlverhalten?

---

7 https://journals.plos.org/plosone/article?id=10.1371/journal.pone.0057873

Nein, niemals. Was damals geschah, wäre nur eines von vielen Beispielen für den oft sehr verschlungenen Zick-Zack-Kurs, wie ihn die Wissenschaft und ihre Kontroversen eben nach sich zögen. Fazit: Nur in den allerseltensten Fällen seien später verworfene oder überholte Fakten das Werk bewusster Täuschung gewesen. Es ist der fast schon verzweifelte Versuch, vorgeblich eine Handvoll Wissenschaftler zu rehabilitieren. Tatsächlich soll bloß die eigene Branche reingewaschen werden.

Die Langzeitfolge dieser systematischen Überzuckerung der Weltbevölkerung ist, dass es mittlerweile mehr über- als untergewichtige Menschen gibt, nachzulesen auch in einem Report[8] des Magazins The Lancet aus dem Jahr 2016.

Eine zähflüssige, klebrige Masse namens Cola

Bestimmt ist es Ihnen schon das eine oder andere Mal aufgefallen: *Coca-Cola* ist zweifärbig. Am besten zu sehen ist es beim Abzapfen im Restaurant.

Was da in den Becher fließt, ist eine extrem zähflüssige Masse, die direkt beim Zapfen mit Wasser und Kohlensäure aufgemischt wird. Das sind so genannte Post-Mix-Anlagen. Geliefert wird das Coke in großen Stahltanks. Ob bei *McDonald's* oder anderswo. Cola ist das Getränk schlechthin, mit

8 https://www.thelancet.com/journals/lancet/article/PIIS0140-6736(16)30054-X/fulltext

dem Fast-Food-Konzerne auch an eine Klientel herankommen, die sie sonst nicht so leicht erreicht hätten.

Sowohl für den Produzenten, als auch für den Anbieter im Schnellimbiss, ist Cola ein Riesengeschäft. In der Herstellung kostet es fast nichts. Der pure Süchtigmacher. Nicht umsonst gibt es die Angebote, dass Kunden einmal den Becher kaufen und sich nachholen können, sooft sie wollen.

Natürlich kam, vor allem in jüngerer Zeit, immer stärkere Kritik auf. Die Zeiten, in denen das Coke für die coolste und berühmteste Marke der Welt stand, sind vorbei. Die Umsätze sind rückläufig. Selbst in den USA trinken die Menschen weniger als früher. Hinzu kommen die vielen Gesundheitsdebatten rund um den enormen Zuckergehalt.

Der Weltkonzern *Coca-Cola* hat deshalb seine Strategie geändert. Der neue Weg heißt nicht mehr Markenpflege, sondern Sponsoring der Forschung. So soll das Image aufpoliert werden. Mehr als sieben Millionen Euro wurden beispielsweise in Deutschland (Jahresverbrauch: vier Milliarden Liter) in wissenschaftliche Projekte in den Bereichen gesunde Ernährung und Bewegung gesteckt.

Organisationen wie *Foodwatch* sehen darin nichts als den Versuch gezielter Einflussnahme auf Institutionen, wie etwa die Berliner Charité. Dorthin floss zuletzt eine Million Euro im Rahmen der *Coca-Cola*-Initiative *Hör auf dein Herz*.

Von Einflussnahme will der Konzern nichts wissen. Es gehe vielmehr um ergebnisoffene Unterstützung. »Wir sind stolz auf unsere Partnerschaften«, heißt es vonseiten des Softdrink-Riesen, »und schätzen die Anregungen durch externe Experten sehr. Deshalb möchte *Coca-Cola* Deutschland die Kooperation auch in Zukunft fortsetzen.«

Bei der Charité ist so viel mediale Aufmerksamkeit eher unwillkommen. Deshalb diese knappe Stellungnahme: »Die Forschungsprojekte sind abgeschlossen.«

Die Maissirup-Euphorie

Beim Thema Zucker kann einem schon einmal schwindlig werden. Nicht bloß bei akuter Unter- oder Überzuckerung im Blut, sondern allein schon aufgrund der fast unüberschaubaren Vielfalt von Zuckerbegriffen, mit denen wir oft überfordert sind.

Bei meinen Recherchen bin ich auf mehr als achtzig Bezeichnungen gestoßen, und vermutlich gibt es noch mehr. Zuallererst dieser wohlvertraute Begriff:

Saccharose: Üblicherweise verstehen wir darunter unseren ganz banalen Haushaltszucker. Kristallzucker etwa, der aus Zuckerrohr, Zuckerrüben oder Zuckerpalmen raffiniert wird. Zum Zweifachzucker Saccharose zählen unter anderen Staubzucker, Vanillezucker, Gelier- und Einmachzucker, Hagel- und Instantzucker und einige mehr. Dann die altbekannte…

Fructose: der klassische Fruchtzucker. Ein natürlicher Einfachzucker, den wir in Früchten, Gemüse und Honig finden. Weiters die…

Galactose: der natürliche Bestandteil des Milchzuckers, der in der freien Natur aber kaum vorkommt. Ein großer Vorteil dieser Zuckervariante ist, dass sie ohne Insulin in die Zellen aufgenommen werden kann. Wir können also mit Energie versorgt werden, ohne dass der Blutzuckerwert steigt, oder die Bauchspeicheldrüse Insulin ausschütten muss. Im Handel gibt es ihn als D-Galaktose, er lässt sich in warmer Flüssigkeit gut auflösen. Ferner die…

Glucose: ein natürlicher Einfachzucker, anzutreffen in Früchten, Gemüsen, Honig und Vollkornprodukten. Wir kennen ihn aus den Geschäften auch als Traubenzucker (Dextrose), außerdem in vielen Süßwaren, Getränken, Sportlernahrung et cetera.

Maltose: Sie kommt in vielen Pflanzen (Getreide) vor, so auch im Brot, im Bier, und in Form von industriell (auch mittels Gentechnik) erzeugtem Malzzucker in Süßwaren, Back- und Kindernahrung und Getränken.

Hinzu kommen noch Agavendicksaft und Ahornsirup, Honig und Melasse, Luo Han Guo und Kokosblütenzucker, Reissirup und Süßholz, Yaconsirup und Zuckerrübensirup.

Und dann diese drei Sirup-Arten:

Glucose-Sirup: aus Kartoffeln oder Weizen, überwiegend aber aus Maisstärke hergestellt. Anzutreffen in Süßwaren, Backwaren, Marmelade, Eis, Gummibärchen, Ketchup und vielem mehr.

Fructose-Sirup: ein Folgeprodukt von Glucose-Sirup mit deutlich höherer Süßkraft. Auch er ist extrem oft in einer Unzahl von Lebensmitteln anzutreffen. Und der…

High Fructose Corn Syrup: ein mittels Enzymen aus der Stärke von (zumeist per Gentechnik verändertem) Mais gewonnenes und dann weiterverarbeitetes Produkt. Oft wird er (nicht ganz korrekt) einfach nur Glukosesirup genannt. Oder Isoglukose. Oder wir kennen ihn unter einer von zwei Abkürzungen: HFCS oder GFS.

Besser bekannt ist er aber unter diesem Namen: Maissirup. Der berühmt-berüchtigte. Seit Jahrzehnten ein Zauberwort in der Industrie, allen voran bei US-amerikanischen Konzernen. Vor allem das Wort Fructose im Maissirup ist trügerisch, denn mit natürlichem Fruchtzucker hat das genau gar nichts zu tun.

In Europa galt dieser Maissirup lange Jahre nur als fernes Schreckgespenst aus Übersee. Seit die Europäische Union per Oktober 2017 den Zuckermarkt liberalisiert hat, darf er allerdings auch bei uns so gut wie überall rein. Manche Hersteller stehen noch auf der Bremse, doch der Vormarsch des Maissirups scheint unaufhaltsam. Die Zuwachsprognosen sind hoch.

Flüssiger Industriezucker ist mittlerweile ohnehin fast überall anzutreffen. Allen voran:

- Softdrinks
- Backwaren
- Teigwaren
- Eis und Schokolade
- Konserven
- Bonbons
- Cornflakes
- Joghurt
- Brot
- Saucen
- Milchshakes
- Fertiggerichten

Und Fast Food. Auch da in oftmals sehr hoher Konzentration. Irreführenderweise versteckt sich in High Fructose Corn Syrup das Wort Glucose. Manchmal wird der Maissirup auch Fructose-Glucose genannt. Beides gaukelt als Bestandteil den natürlichen Fruchtzucker vor. Damit hat er aber rein gar nichts zu tun.

Zwei grundlegende Eigenschaften hat dieser Maissirup:

- Er ist die so ziemlich billigste Form von Süßstoff überhaupt
- Er ist noch viel ungesünder als der gute, alte Kristallzucker, der es auch schon in sich hat.

Kürzeres Leben, weniger Nachwuchs

Spätestens seit die US-Forscherin Kathleen Page von der Yale Universität und ihre Kollegen von der Universität von Utah ihre Daten öffentlich gemacht haben, wissen wir auch:

Maissirup lässt uns mehr essen als wir bräuchten. Maissirup senkt die Fruchtbarkeit. Und die Lebenserwartung gleich mit dazu.

Das menschliche Gehirn reagiert auf fruchtige Süße nicht wie bei Haushaltszucker. Anders als Kristallzucker und Co. verursacht Fructose kein Sättigungsgefühl. Beim Fructose-Sirup-Anteil im Maiszucker verhält es sich genauso. Kathleen Page konnte bei zwanzig Probanden nachweisen, dass jene Hirnregionen, die den Appetit steuern, bei Maiszucker nicht reagieren. Das Fazit: Je mehr davon in unseren Lebensmitteln landet, desto eher neigen wir dazu, übermäßig zu essen und dadurch dick zu werden.

Die beiden anderen Erkenntnisse gehen auf Laborversuche mit Mäusen zurück. Sie sind aufgrund der recht kurzen Lebenszyklen der Tiere schon vielfach bewiesen. Die Mäuse erhielten vierzig Wochen lang 25 Prozent ihrer nötigen Kalorien in Form von Kristallzucker oder Maissirup verabreicht. Die Sterberate der Mäuse, die mit Maissirup gefüttert wurden, war doppelt so hoch, außerdem hatten die Weibchen dieser Gruppe um ein Viertel weniger Nachwuchs.

In den USA befindet sich der spottbillige Maissirup seit Jahrzehnten im Großeinsatz. Dank der erfolgreichen Diskriminierung aller Fette in den Sechzigerjahren zugunsten des Zuckers und der eifrigen Propaganda, weniger Fett und Cholesterin zu sich zu nehmen, hatte die Zuckerindustrie vorerst einmal goldene Jahre mit dem herkömmlichen Zucker gehabt, mit Saccharose also. Und als sich die Gefahren des Haushaltszuckers herumzusprechen begannen, sattelten die Konzerne rasch um.

Von nun an hieß das Zauberwort der systematischen Verführung Maissirup. Ein perfektes, weil noch viel billigeres Ersatzprodukt, das sich nicht zuletzt dank der Entwicklung der US-Landwirtschaft im ganz großen Stil produzieren ließ. Daran hat sich bis heute nichts geändert.

Alles Light: Die große Süßstofflüge

Dank der eifrigen Propaganda, weniger Fett zu essen, wurde der drohende Mangel an Geschmack lange Zeit durch erhöhte Zuckerbeigaben ausgeglichen. In Kombination mit unterschiedlichsten Zusatzstoffen.

Dann kam die Maissirup-Euphorie der Konzerne. Doch auch der Maissirup erwies sich, wenig verwunderlich, wie sein Vorgänger, in der groß-industriellen Verwertung von Anbeginn als kein Heiliger. Bald schon wurde der Ruf nach abermaligem Ersatz laut. Nach einer kalorienreduzierten Variante. Am besten kalorienfrei.

Was tun, wenn auch diese Zuckerform am Pranger steht? Wie lassen sich Softdrinks, aber auch zig andere Produkte auf Light trimmen?

Die Antwort darauf fand im Jahr 1965 ein Chemiker der US-Firma GD Searle Company (heute ist Searle kein eigenständiger Betrieb mehr, sondern als Markenname des Pharmariesen *Pfizer* eingetragen). Er laborierte an einem neuen Heilmittel für Magengeschwüre herum.

Die kolportierte Geschichte: James Schlatter hantierte angeblich mit Aminosäuren, wühlte in seinen Unterlagen, leckte seinen Finger ab, um ein Blatt besser greifen zu können und war überrascht, wie süß seine Fingerkuppe schmeckte. Extrem süß sogar.

Bald darauf gab es mit Nutrasweet eine neue Firmensparte, und als erstes Produkt tauchte dieser Name auf:

Aspartam.

Ein halbes Jahrhundert »Krieg der Studien«

Seither ist kaum eine Substanz, kaum ein Produkt der Lebensmittelindustrie so heiß umstritten wie Aspartam. Die Fragen, um die sich alles dreht: Ist Aspartam sicher? Oder doch hochgiftig und krebsgefährdend?

1977 jedenfalls, zwölf Jahre nach der zufälligen Entdeckung des Süßstoffes, kam ein Mann an die Spitze von *G.D. Searle*, der später noch groß Karriere auf der politischen Bühne machen sollte: Donald Rumsfeld. Erst als CEO, dann als Präsident. Acht Jahre insgesamt.

Rumsfeld baute nicht nur sechzig Prozent aller Mitarbeiter ab, sondern Brücken zu dem Chemie- und Mischkonzern Monsanto (heute in Besitz von Bayer) auf. Monsanto kaufte das Patent von Aspartam, konnte es allerdings nicht, wie Searle zuvor auch schon, unmittelbar auf den Markt bringen.

Der Hintergrund: Bereits 1967 hatte Searle begonnen, sich um die Zulassung des Süßstoffs durch die amerikanische Lebensmittelüberwachungs- und Arzneimittelbehörde FDA (*Food and Drug Administration*) zu bemühen. Versuchsweise gab Dr. Harold Waisman, Biochemiker an der Universität von Wisconsin, der Milch von Affenbabys Aspartam bei. Mit weitreichenden Folgen: Ein Affenbaby starb, weitere fünf erlitten epileptische Anfälle.

Also keine Zulassung durch die FDA.

Drei Jahre danach wurde der Süßstoff Cyclamat verboten. Grund: Krebsgefahr. Ähnlich erging es Saccharin, dem ältesten aller synthetischen Süßstoffe (entdeckt 1878). Die Chancen für Aspartam als Ersatzstoff standen auf einmal wieder ganz gut.

Eine Image-Kampagne wurde ins Leben gerufen. So wollte man die Behörden umstimmen. Ein Jahr später jedoch kam der Neurologe Dr. John Olney mit der Botschaft, die Asparaginsäure (einer der Bestandteile) würde Löcher ins Gehirn von Mäusen brennen. Oder fressen.

Mittlerweile waren seitens der *Searle Company* zig Millionen Dollar verbrannt und an die einhundert Studien angefertigt worden, die Aspartam Unbedenklichkeit bescheinigen sollten. Tatsächlich bekam Aspartam eine bedingte Zulassung, die jedoch widerrufen wurde, weil Searle im Verdacht stand, Daten manipuliert zu haben.

Genau da kam Donald Rumsfeld zu Searle. Im Jänner 1977. Damals endete seine Amtszeit als US-Verteidigungsminister. Rumsfeld sanierte die Firma nicht nur, er warf auch allen Einfluss in die Waagschale. Arthur Hull Hayer, bis dahin Chef der Aspartam-kritischen FDA, wurde gefeuert und durch einen willfährigen Nachfolger ersetzt.

Ein Schelm, wer da Böses denkt. Doch die dauerhafte Zulassung für Aspartam durch die FDA war auf einmal nur noch Formsache.

Heute finden wir Aspartam in mehr als 9000 Produkten in knapp hundert Ländern weltweit. Unwiderlegbare Beweise, wie schädlich oder doch unbedenklich Aspartam ist, gibt es bis heute nicht. Nicht in die eine, noch in die andere Richtung. Es existiert jedoch eine Vielzahl von Studien, es sind mehr als 160, die sich für Aspartam aussprechen und nachgewiesenermaßen ein akutes Finanzierungsproblem haben. Anders gesagt: Der Verdacht, dass sie gekauft wurden, liegt auf der Hand.

Aspartam ist auch bekannt als Nutra-Sweet, Equal, Canderel, Sacecta, Spoonfull oder unter der Nummer E951. Es besitzt die rund 200-fache Süßkraft von herkömmlichem Zucker, hat aber nur 4 Kilokalorien pro Gramm. Kein Wunder also, dass es als kalorienarme Variante so beliebt ist und als Wundermittel fürs Schlankbleiben oder Schlankwerden angepriesen wird.

Im menschlichen Körper zerfällt Aspartam nach der Aufnahme in seine Grundbausteine. Das sind Asparaginsäure (40 Prozent), Phenylalanin (50 Prozent) und Methanol (10 Prozent).

Methanol wird, wenigstens darin scheint die Fachwelt inzwischen eins, als krebserregender Stoff angesehen. Im Körper spaltet sich Methanol weiter auf, zerfällt in Formaldehyd und Ameisensäure. Formaldehyd kommt zwar in geringer Dosierung auch in der Natur vor (als Zwischenprodukt beim Stoffwechsel, Äpfeln, Weintrauben et cetera), doch es hat als starkes Reduktionsmittel auch toxische Eigenschaften. Nicht umsonst wurde es früher sehr oft zur Keimabtötung (Formalintabletten) verwendet. Mittlerweile hat die WHO den Stoff offiziell als krebserregend eingestuft. Bei Mäusen und Ratten, die regelmäßig mit Aspartam versorgt wurden, haben Forscher beim Sezieren der toten Tiere gleich mehrere Krebsarten zuhauf entdeckt: Leukämie, Leberkrebs, Lungenkrebs, Brustkrebs.

Der zweite Wirkstoff, Phenylalanin, kann im Blut schlimmstenfalls zu verkümmertem Wachstum führen. Sowie zu Wahnvorstellungen und Depressionen.

Nummer drei, die Asparaginsäure, wird von vielen Wissenschaftlern als noch gefährlicher eingeschätzt. Sie soll bei zu hoher Aufnahme schwere neurologische Störungen beziehungsweise Schäden im Gehirn verursachen.

Ab durch die Blut-Hirn-Schranke

Das hat mit der Überwindung der Blut-Hirn-Schranke zu tun, die uns üblicherweise vor dem Schlimmsten bewahren soll. Die Blutgefäße im Gehirn eines durchschnittlichen Erwachsenen ergeben eine Gesamtlänge von rund 600 Kilometern.

An der Innenseite sind diese Gefäße wie mit einer Tapete mit den Endothelzellen ausgekleidet (wir haben in Zusammenhang mit der Schädigung der Arterien durch Fast Food schon von ihnen gehört). Diese Zellen werden auch Deckzellen genannt.

Wie zusammengeschweißt bilden sie diese Schranke zum Gehirn. Ein Durchkommen ist fast nicht möglich. Aus gutem Grund. Alles, was nach Krankheitserreger aussieht oder nach giftigem Stoffwechselprodukt, soll aufgehalten werden. Durch sie hindurch zu dringen schaffen nur Substanzen, die besonders winzig und fettlöslich sind. Zum Beispiel:

Koffein.
Nikotin.

Ecstasy.
Heroin.
Alkohol.

Zucker gehört ebenso dazu. Zucker muss auch durch, weil das menschliche Gehirn fast die Hälfte des täglichen Zuckerbedarfs für sich beansprucht. Bei weitem mehr, als jedes andere Organ.

Bis vor kurzem noch war die Forschung der Ansicht, die Aufnahme von Zucker wäre ein passiver Prozess. Das Gegenteil ist der Fall. »Lange Zeit ließen wir uns davon in die Irre führen, dass die Nervenzellen diesen Prozess offensichtlich nicht kontrollieren«, sagte die Neurologin Cristina García Cáceres etwa in einem Interview für die Tageszeitung Der Standard. Bei einem so wichtigen Prozess, wie der Zuckerversorgung des Gehirns, könnte es sich jedoch um keinen zufälligen Akt handeln.

Die Blut-Hirn-Schranke ist Fluch und Segen zugleich. Einerseits hält sie potentielle Feinde möglichst ab (wobei die Frage berechtigt ist, was man unter einem Feind versteht), andererseits verwehrt sie fast 98 Prozent aller Medikamente, die etwa bei Alzheimer oder Gehirntumoren zum Einsatz kommen könnten, den Zutritt. Bei Tieren hat die Forschung schon eine Reihe von Methoden mit Erfolg ausprobiert, um die Barriere zu umgehen. Beim Menschen ist das noch nicht gelungen.

Zucker (nebst anderen Drogen) weiß allerdings sehr gut, wie er durchkommt. Auch Zuckerersatzstoffe wie Aspartam haben einen Passierschein. Aspartam wird jedoch mit einer Reihe möglicher Nebenwirkungen in Verbindung gebracht. Hier ein kleiner Auszug.

- Angstzustände
- Arthrose
- Asthmatische Symptome
- Juckreiz
- Zittern
- Schwindel
- Unterleibsschmerzen
- Chronische Müdigkeit
- Migräne
- Potenzschwierigkeiten
- Tinnitus
- Haarausfall
- Augenprobleme
- Blutzuckerspiegel-Schwankungen
- Gewichtszunahme.

Gewichtszunahme. Das klingt besonders paradox. Immerhin sollen die Light-Versionen von Getränken, Joghurts und Co. das Gegenteil bewirken. Das große Versprechen der Industrie an die Menschen, das in der Werbung so klingt: *Du darfst.*

Zurück zu Aspartam. In den 1970er Jahren tauchte mitunter das Gerücht auf, der US-Geheimdienst CIA hätte einen der drei Wirkstoffe als chemischen Kampfstoff getestet. Das wurde natürlich sofort dementiert, doch von den potentiellen Gefahren Aspartams haben wir soeben gehört.

Umso absurder, dass Aspartam seitens der Behörden nicht nur als sicher eingestuft wird, sondern diese Grenzwerte als zulässige Tagesdosis empfohlen werden:

USA: Fünfzig Milligramm pro Kilogramm Körpergewicht.

EU: Vierzig Milligramm pro Kilogramm Körpergewicht.

Die Empfehlung der Europäischen Union in Sachen Unbedenklichkeit bedeutet: Ein 70 kg schwerer Mensch dürfte ganze 266 Tabletten zu sich nehmen. Pro Tag. Ein 60 kg schwerer Mensch wiederum 12 Liter mit Aspartam gesüßte Diätlimonade (36 Dosen zu je 0,33 Liter).

In der Riege der synthetischen Süßstoffe ist Aspartam neben Cyclamat, Neotam, Sucralos und Co. nur einer von vielen, doch der am weitesten verbreitete. Theoretisch sollen all diese Süßstoffe helfen, den Blutzucker zu kontrollieren. In der Praxis erhöhen sie aber das Diabetes-Risiko maßgeblich.

Darüber hinaus machen sie dick. Das hat wiederum mit unserem Gehirn zu tun. Weil es sich mit dem Süßstoff nicht zufriedengibt und nicht auf Sättigungsgefühl umschaltet. Die Folge ist: Der Körper verlangt nach mehr. Anstatt nach einem Light-Getränk, einer Light-Speise satt und zufrieden zu sein, werden die Signale ausgesandt:

Ich will mehr.

Christopher Gardener von der *American Heart Association,* Autor einer der inzwischen zahlreichen Studien zu dem Thema:

»Süßstoffe liefern leere Kalorien. Diese leeren Kalorien werden kompensiert. Nach einem Cola Light verdrückt man am Nachmittag ein Stück Torte.«

Das hat einerseits rein psychologische Gründe (Motto: Wenn ich zuerst Light gehabt habe, darf ich nachher etwas richtig Deftiges haben), aber auch physiologische. Weil der Stoffwechsel es verlangt. Aspartam, das ist mittlerweile nachgewiesen, steigert das Hungergefühl. Weil Süßstoffe das Belohnungssystem im Gehirn nicht gleichermaßen anregen wie herkömmlicher Zucker.

Wir werden einfach nicht so schnell satt.

Paul Smeets vom University Medical Center in Utrecht konnte das auch im Hirnscanner[9] nachweisen. Der Amygdala genannte Mandelkern im Gehirn, der, salopp gesagt über Hunger und Lust wacht, reagiert nämlich völlig unterschiedlich: Erhält er Traubenzucker, drosselt er die Aktivität. Der Hunger schwindet. Erhält er Aspartam, tut er so, als wäre nichts gewesen. Wir essen weiter und werden dicker.

Übrigens: Auch das Bauchfett wächst durch künstlichen Süßstoff, wie eine Untersuchung an 700 Menschen ergab. Alle waren zu Beginn der Langzeitstudie mindestens 65 Jahre alt. Sie wurden regelmäßig gewogen, gemessen, zu ihren Essgewohnheiten befragt. Alle nahmen oftmals Diät-Limos zu sich. Und andere künstlich gesüßte Nahrung. Nicht alle legten an Gewicht zu, doch bei allen wuchs der Bauchum-

---

9 https://www.umcutrecht.nl/nl/Ziekenhuis

fang. Zu viel Bauchfett ist bekanntlich einer der Risikofaktoren für diverse Krebserkrankungen.

Fazit:

Alle Nahrungsmittel, in denen Süßstoffe enthalten sind, sind Junkfood.

Junkfood lässt das Hirn schrumpfen.
Junkfood hemmt die Fettverbrennung im Körper.
Softdrinks hemmen die Fettverbrennung im Körper.
Süßstoff macht nicht satt.
Süßstoff macht (auch) dick.
Süßstoff fördert Diabetes.
Süßstoff ruft Krebs hervor.

Süßstoff ist bloß einer der vielen tückischen Inhalts- und Zusatzstoffe im Fast Food.

Wie in den Labors über unseren Geschmack bestimmt wird

Die Macht der gelenkten Verführung

Nichts wird im System Fast Food dem Zufall überlassen. Am allerwenigsten der Geschmack der Kunden. Oder besser gesagt, die Instrumente, mit denen dieser Geschmack gelenkt wird. Es sind die Labors in aller Welt, wo seit Jahrzehnten aufs Hundertstelgramm genau die Beigaben errechnet werden, die den größtmöglichen Absatz versprechen.

Es ist wie die Suche nach dem heiligen Gral, nach dem, was der Journalist und Pulitzer-Preisträger Michael Moss in seinem Buch *Das Salz Zucker Fett Komplott* (wochenlang an der Spitze der New-York-Times-Bestsellerliste) den Glückspunkt nannte.

So erfordert beispielsweise die Kreation einer neuen Limonade fast schon höhere Mathematik. Da werden komplizierte Tabellen erstellt, sogenannte Regressionsanalysen. Welche Menge Fett brauche ich, welches Salz in welcher Konzentration? Welche künstlichen Phosphate? Welchen Zucker in welcher Menge? Wenn ich da ein bisschen Fett wegnehme, wie viel muss ich dort mehr Zucker reintun, um den Mangel an Schmackhaftigkeit zu kompensieren?

Dabei wird auch die physikalische Struktur der Beigaben nach Belieben verändert. Salz etwa wird in verschiedensten Abstufungen zu einem feinen Pulver zermahlen. Je nach Modifikation erzielt es eine unterschiedliche Wirkung im Gaumen. Beim Zucker verhält es sich genauso.

Alles dient letzten Endes nur dem, was in der Fachsprache der bliss point genannt wird: der Glückspunkt, der im Mund des Kunden die maximale Geschmacksexplosion hervorruft. Es hat, seit Jahrzehnten nunmehr, ein erbitterter Kampf um dieses beste Mundgefühl eingesetzt. Sind die perfekten Rezepturen einmal erstellt, werden sie beibehalten. Um jeden Preis. Änderungen erfolgen ausnahmslos, wenn der öffentliche Druck fast übermächtig wird.

Dabei gilt es, die exakte Zutatenliste bestmöglich, nicht nur vor Mitbewerbern geheim zu halten, sondern vor allem vor den staatlichen Regulierungsbehörden.

Und das oberste Gebot lautet:

Verbesserungen des Nährwertes, wie der ernährungskritische Kunde sich vielleicht erhoffen mag, werden ausnahmslos toleriert, wenn sie das Gesamtergebnis nicht verfälschen. Der Reiz des Produktes darf einer womöglich besseren, weil gesünderen Variante niemals zum Opfer fallen.

Klar, dass auch ein Riese wie *McDonald's* derartige Labors betreibt, wo neue Kreationen geschaffen oder bewährte Produkte zu Variationen abgewandelt werden. Eine dieser Geschmackswerkstätten befindet sich in Europa, zu meiner Zeit war es das Food Labor in Paris.

Dabei ist auch die Entschlüsselung der menschlichen Geschmacksknospen im Visier. Im Zuge dieser Forschungen kam mitunter ans Licht, warum Menschen nach dem Konsum von Marihuana oftmals richtige Heißhunger-Attacken verspüren. Molekularbiologen in den USA fanden heraus, dass sogenannte Endocannabinoide jene Rezeptoren auf der menschlichen Zunge stimulieren, die für Süßes zuständig sind. Diese Cannabinoide sind nichts anderes als Botenstoffe. Sie dienen der Anregung des Appetits, werden vom Gehirn produziert und sind chemisch mit THC verwandt, dem Wirkstoff von Marihuana.

Süchtig machen mit High-Tech

Mit dem perfekten Geschmack allein ist es aber nicht getan, will ich Kunden von meinem Produkt abhängig machen. Längst setzen die Lebensmittel- und Fast-Food-Riesen Gehirnscans und ähnliche Technologien ein. Es gilt, neurologische Reaktionen des Menschen abzuklopfen. Dabei mitunter, wie er auf Zucker reagiert.

Diese Methodik war schon in *Super Size Me* Thema, der Raffinesse des Beforschens sind keine Grenzen gesetzt, der heutige Wissensstand hat in den letzten 15 Jahren Lichtjahre zurückgelegt. Im Film war unter anderen der Mediziner Neal Barnard zu sehen, der die Wirkung von Zucker auf eine Stufe mit der harter Drogen anschaulich darstellte:

»In der Notaufnahme«, so Barnard, »gibt man bei Heroin-Überdosen ein Mittel namens Naloxon. Ein Patient kommt, ist komatös, droht zu sterben. Man spritzt dieses Medikament, und es blockiert die Opiatrezeptoren im Gehirn. Das Heroin wirkt nicht mehr, der Süchtige wacht auf.«

Gibt man dasselbe Medikament einem Schokoladensüchtigen, so der Arzt weiter, so passiere etwas Eigenartiges: »Er verliert den Appetit auf Schokolade. Er beißt ab und legt das

Stück weg. Es ist also nicht der Geschmack, sondern die Wirkung eines Stoffes im Gehirn, die uns süchtig macht.«

Klassische Süchtigmacher sind aber auch jede Menge andere Stoffe, die sich alle eng vereint, wie beste Freunde, auf den Speisekarten von Fast-Food-Anbietern finden. Neben dem altbekannten Zucker und Unmengen von Koffein auch Casomorphine. Das sind Peptide, die sich im Käseprotein verstecken und mit Opioiden verwandt sind. Die Europäische Behörde für Lebensmittelsicherheit hat das in einem hundertseitigen Bericht (2009) in Abrede gestellt, weil es keine Anzeichen gebe, dass die Stoffe ins Blut gelangten, geschweige die Blut-Hirn-Schranke überwinden könnten. Unter anderem auch mit dem Vermerk, dass dann auch Muttermilch eine Art Droge wäre. Neuere Forschungen jedoch deuten aufs Gegenteil hin.

Apropos Käse: Als vor Jahren in den USA ein Trend aufkam, der Verbraucher vermehrt auf fettärmere Milch setzen ließ, ließ die Politik, immer auf Du und Du mit den Lebensmittelriesen, sich nicht lange bitten. Der US-Kongress brachte ein Programm auf Schiene, das der mächtigen Molkereiindustrie unter die Arme griff, die ihr plötzlich überschüssiges Fett loswerden wollte.

Unbemerkt von der Öffentlichkeit, verwandelte sich dieser Überschuss in Unmengen von Käse. Nicht als Dessert nach einem guten Mahl gedacht, sondern als stille Beigabe in Fertigprodukten. Diese Zutaten wären per se nicht nötig gewesen, doch sie verfehlten ihre Langzeitwirkung nicht.

Der Pro-Kopf-Verbrauch der Amerikaner schoss auf mehr als fünfzehn Kilo im Jahr hoch.

An diese Art von fruchtender Partnerschaft zwischen Wirtschaft und Politik kann ich mich noch gut aus meiner *McDonald's*-Zeit erinnern. Da saßen zeitgleich mindestens drei oder vier Konzernleute in Brüssel, die den ganzen Tag nichts anderes taten als Lobbying zu betreiben. Seilschaften knüpfen und zusehen, dass die hauseigenen Interessen in der Gesetzgebung Niederschlag fanden. Jeder dieser Mitarbeiter war ein ausgewiesener Experte auf einem ganz eigenen Gebiet. Das ist jedoch nichts Außergewöhnliches, kein Spezifikum von *McDonald's* etwa. Das machen alle Großen so.

Unweigerlich drängen sich Fragen wie folgende auf:

Wie weit sind Konzerne bereit zu gehen?
Welche Kampfmittel setzen sie noch ein, um uns abhängig zu machen?
Welche Strategien verfolgen sie, damit wir brave, treue Kunden bleiben?
Welchen Preis haben wir dafür zu zahlen?
Gibt es ihn überhaupt noch: Anstand, diesen letzten Funken Moral innerhalb der Ernährungsbranchen?
Wo endet die Macht des Einzelnen, wo beginnt die der Konzerne?

Dazu möchte ich ihnen zwei Geschichten erzählen.

Stevia-Verbot
Der lange Arm der Industrie

Die erste Geschichte handelt von einer Pflanze, von der sie bestimmt schon mal gehört haben: Stevia. Auch bekannt als Süß- oder Honigkraut.

Heute ist das Süßen mit dem Extrakt aus den Blättern dieser Heilpflanze auch in der Europäischen Union erlaubt. Seit Dezember 2011 genau genommen. Wer jedoch glaubt, das wäre ein einfacher Weg gewesen, irrt. Und wer nun womöglich auch noch glaubt, es handle sich um ein Naturprodukt, irrt doppelt.

Stevia ist vielmehr ein Beweis für die vielen Winkelzüge der Industrie. Die Botschaften, worauf man bei der Vermarktung vertraut, sind diese:

- Die Süßkraft ist 300 bis 400 Mal stärker als bei weißem Zucker
- Stevia ist rein pflanzlichen Ursprungs, daher biologisch
- Es bringt keine zusätzlichen Kilos (siehe Aspartam und Co.)
- Die Zähne werden nicht angegriffen
- Es belastet den Blutzuckerspiegel nicht

Wundert es da, dass um die Pflanze inzwischen eine Art Hype entstanden ist? Dass die Vermarktung brummt, bis hin zu eigenen Wellnessgetränken, die Stevia in irgendeiner Form im Namen tragen?

Der deutsche Ernährungsfachmann Sven-David Müller bezeichnet diesen Hype allerdings so: ein neuerlicher großer Bluff der Nahrungsmittelindustrie. Sein Vorwurf: Es sei nicht das Naturprodukt zugelassen worden, sondern ein billiger, chemischer Abklatsch. Die begehrten Inhaltsstoffe habe man mit purer Chemie aus den Blättern der Stevia-Pflanze extrahiert, bis auf die Süßkraft sei jedoch fast nichts vom pflanzlichen Ursprung erhalten geblieben.

Darum hat die Substanz auch seitens der Europäischen Behörde für Lebensmittelsicherheit bei der Zulassung im Dezember 2011 eine E-Nummer verpasst bekommen:

E960.

Sie belegt, dass es sich um einen (weitgehend) künstlichen Lebensmittelzusatzstoff handelt. E960 besteht zu 95 Prozent aus Rebaudiosid A, ein Steviol-Glykosid, das aus den Chemielaboren dieser Welt stammt. Eineinhalb Jahre vor der Zulassung wurde festgelegt, dass eine tägliche Aufnahmemenge von 4 Milligramm sogenannter Steviol-Äquivalenten pro Kilo Körpergewicht unbedenklich sei.

Nur zur Erinnerung: Bei Aspartam beträgt der empfohlene Grenzwert das Zehnfache.

»E960«, sagt Müller, »ist genauso viel oder genauso wenig bio wie Saccharin. Die Menschen werden hinters Licht geführt.«

Was als Naturprodukt verkauft wird,
ist nur der Mythos davon.
Aber der klingende Name zieht.

Stevia als reines Naturprodukt hingegen ist weiterhin verboten. Es heißt, die Inhaltsstoffe seien nicht bekannt. Bei der indigenen Völkern Paraguays oder Brasiliens zum Beispiel ist Stevia seit Jahrhunderten als Heilpflanze bekannt und in Gebrauch. Auch in Thailand, Israel oder China baut man seit langem Stevia an. Nicht nur, dass Pulver aus den Blättern extrahiert wird, es werden auch Tabletten, Kapseln oder alkoholische Lösungen hergestellt. In Rumänien wiederum, um in Europa zu bleiben, ist Stevia seit Generationen in der traditionellen Küche in Verwendung. Es wird gekocht, gebraten, in Rouladen oder Aufläufen verarbeitet. Ähnlich wie Spinat oder Brennnessel.

Das Elefantentreffen der Lebensmittelriesen

Die zweite Geschichte führt uns noch einmal zu Michael Moss und seinem Buch *Das Salz Zucker Fett Komplott*. Darin beschreibt er ein Geheimtreffen, das im April 1999 in Minneapolis stattfand. Die CEOs der größten Lebensmittelkonzerne der USA hatten sich auf Einladung eines Vertreters der Branche getroffen. Mit dabei *Nestlé, Coca-Cola, Mars, Procter & Gamble, Kraft* und einige mehr.

Thema der Zusammenkunft: die generelle Ausrichtung der Branche für die Zukunft.

Schauplatz des Treffens: die Firmenzentrale von *Pillsbury*, ein Lebensmittelriese, der zwei Jahre später von *General Mills* geschluckt wurde.

James Behnke, einer der leitenden Angestellten des Gastgebers, leitete die Konferenz. In den Monaten davor hatte er eine Vielzahl von Lebensmittelexperten befragt, und die zeichneten allesamt ein sehr düsteres Bild, was die Gesundheit der Menschen und die Rolle der Industrie anging. Behnke hatte begonnen umzudenken, als einer der ganz wenigen Spitzenmanager. Und er war auch bereit, seinen Wandel mit aller Vehemenz zu vertreten.

Behnke hatte einen mächtigen Verbündeten für den Abend gewonnen: Michael Mudd, Vorstandsmitglied bei Kraft. Mudd trat als erster ans Rednerpult. Er begann, die grassierende Fettleibigkeit vor allem bei Kindern in den USA zu skizzieren, legte eine Folie um die andere auf. Er sprach von den überdimensionierten, viel zu energiereichen und billigen Lebensmitteln, die er und seine Kollegen mit ihren insgesamt 700.000 Angestellten unters Volk brachten. Und von der dringenden Notwendigkeit, daran etwas zu ändern.

Kurz gesagt: Der Einsatz von Zucker, Salz und Fett müsste drastisch eingeschränkt werden, um der Adipositas-Epidemie Herr zu werden.

Dann meldete sich Stephen Sanger zu Wort. Er war der Chef von *General Mills* und so etwas wie ein Jungstar der Branche. Ein neuer Guru. Was er sagte, hatte Gewicht.

Sanger meinte, sie alle hätten es immer gut verstanden, allfällige Trends zu überstehen. Sei es die Sorge wegen gehärteter Fette. Sei es der Wunsch nach mehr Vollkornprodukten. Sie hätten immer verantwortungsbewusst gehandelt. Der Öffentlichkeit gegenüber. Den Aktionären gegenüber.

Daran werde sich nichts ändern. Er werde seinen Mitarbeitern sagen, sie sollten so weitermachen wie bisher.

Was dann kam, beschrieb Michael Moss in seinem Buch so:

»Benke fuhr fort: Sanger versuchte zu sagen: Na ja, wir werden jetzt hier nicht mit den Firmenjuwelen herumspielen und die Rezepte verändern, weil sich ein Haufen Leute in weißen Kitteln Sorgen über Fettleibigkeit macht.«

Das war's dann auch schon wieder. Alle standen auf und verließen den Vortragsraum. Die Geheimkonferenz war am Ende.

Es war dies der erste und einzige Vorstoß in diese Richtung. In meiner Branche hat es so ein Treffen gar nicht erst gegeben. Nicht während der dreizehn Jahre, die ich bei *McDonald's* war, und auch nachher nicht.

Der Ärger mit den Dänen

Erfolgreiche Rezepturen oder Verarbeitungsprozesse zu ändern ist, wie wir sehen, so ziemlich das Letzte, was in den Vorstandsetagen freiwillig beschlossen wird. Höchstens mit vorgehaltener Waffe.

Aber was, wenn der Druck der Öffentlichkeit so groß wird, dass es doch geschieht? Was, wenn bei einem Weltkonzern wie *McDonald's*, der in rund hundert Ländern vertreten ist, ein einzelnes Mitglied vorauseilend auf politischen Druck einlenkt, ohne die anderen darüber zu informieren?

Genau das geschah in Dänemark.

Transfette entstehen bei der industriellen Härtung und wenn bestimmte Fette sehr stark erhitzt werden. Darum sind sie auch besonders oft in Fast Food zu finden: etwa in Pommes Frites oder Donuts. Außerdem in einer Vielzahl verarbeiteter Lebensmittel, in Keksen, Industriebackwaren, Kartoffelchips und Margarinen.

Vielen Verbrauchern ist das bis heute nicht bewusst und ebenso wenig die möglichen Folgen beim Verzehr dieser Fette.

Erforscht werden Transfette und ihre schädlichen Auswirkungen auf die Gesundheit bereits seit Jahrzehnten. Bei Versuchen mit Affen zeigte sich, dass die Tiere nach einigen Jahren, als Folge des Konsums von Transfetten, nicht nur deutlich mehr wogen, sondern ähnliche Bauchansätze wie Menschen entwickelten. Sie setzten echtes Bauchfett an, was wiederum das Krebsrisiko stark ansteigen lässt.

Im Jahr 2003 kam es dann zu jenem Vorfall, der bei uns Empörung auslöste. Intern war von einem Skandal die Rede. Was war geschehen?

Dänemark hatte angekündigt, als erstes Land in Europa einen Bann auf Transfettsäuren zu verhängen. Genau genommen wurde der Grenzwert mit zwei Gramm pro hundert Gramm Fett festgelegt. Ein Wert, der heute in Österreich ebenso Standard ist, wie in einigen anderen Ländern der EU, seien es Norwegen, Island oder Ungarn. Wobei Ungarn in den Ländern des Ostens eher die Ausnahme ist. Zumeist ist es immer noch die Regel, dass die bis zu 15-fache Menge pro Kopf und Tag verzehrt wird.

Die Tinte, mit der die dänische Regierung das Gesetz festschrieb, war noch nicht trocken, da preschten unsere Kollegen voran. *McDonald's* Dänemark stellte freiwillig auf Palmöl um. Aus heutiger Sicht natürlich der einzig richtige Schritt, abgesehen davon, dass uns die Misere mit Palmöl längst eingeholt hat. Angefangen von der Rodung der Regenwälder, wo Jahr für Jahr 150.000 Hektar vernichtet werden, um die bis zu 30 Meter hohen, sehr ertragreichen Bäume anzupflanzen. Hinzu kommen R-MCPD- und Glycidol-Fettsäuren, die in besonders hoher Konzentration in raffiniertem Palmöl zu finden sind und als krebsauslösend gelten.

Transfette aus Produktion und Verarbeitung zu bannen, brachte unschlagbare Vorteile für die Menschen. Die Verbesserungen lagen auf der Hand, machten sich auch rasch bemerkbar:

- In allen Altersgruppen sank die Aufnahme von Transfettsäuren auf ein Zehntel des Niveaus vor der Regulierung.
- Schon im ersten Jahr enthielten die allermeisten Produkte auf dem dänischen Markt maximal die eingeforderte Menge.
- Heute, sechzehn Jahre danach, ist in Dänemark die Sterblichkeitsrate aufgrund von Herz-Kreislauf-Erkrankungen signifikant zurückgegangen. Experten führen das, zum Teil wenigstens, auf die drastische Reduktion der Transfette im Essen zurück.

Dennoch, wir von *McDonald's Österreich* waren damals stinksauer. Die Landeschefs, mit denen ich in Kontakt stand, ebenso. Aber warum? Wie kann man da dagegen sein?

Weil der vorauseilende Gehorsam, so das Konzerndenken, gegen das ungeschriebene Gesetz verstieß, sich nur dann zu bewegen, wenn es gar nicht anders ging. So wie im April 2011, als Fernsehkoch Jamie Oliver in seiner Sendung *Jamie Oliver's Food Revolution* die Geschichte mit dem Pink-Slime aufbrachte.

Oliver hatte vor der Kamera angeprangert, US-Bürgern würde von Fast-Food-Ketten größtenteils minderwertiges Fleisch vorgesetzt. Eine Fleischpaste von so geringer Qualität, dass sie sonst nur in Hundefutter verwendet, jedoch mit Hilfe von Ammonium-Hydroxid wieder genießbar gemacht wird (korrekterweise müsste es Ammoniakwasser heißen, eine Lösung mit stechendem Geruch, die in Haushaltsreinigern ebenso zum Einsatz kommt wie beim Bleichen in Färbereien, aber auch als Säureregulator in der Lebensmittelindustrie).

Der öffentliche Aufschrei nach der Sendung war enorm. In den USA war die Beigabe dieser Substanz mit bis zu fünfzehn Prozent Anteil erlaubt. Auch andere Fast-Food-Ketten arbeiteten, völlig legal, damit. *Taco Bell. Burger King.*

Oliver verpasste der Fleischmasse (in Europa wurde sie nicht verwendet) den Begriff Pink-Slime. Er machte aus der Angelegenheit regelrecht eine Kampagne. Der Bericht ging um die Welt. Begriff und Bilder fraßen sich fest in den Köpfen der Menschen. Monate später stellte *McDonald's* die Produktion um. Dann folgte diese Erklärung:

»Die Entscheidung, BPI (Anm.: Beef Products Inc., der Name des Herstellers) aus dem Sortiment zu nehmen, hat nicht das Geringste zu tun mit irgendeinem Vorkommnis, sondern allein mit unserem Bemühen, unsere globalen Standards für rohes Rindfleisch zu verbessern.«

Die altbewährte Taktik also. Erst reagieren, wenn es nicht anders geht.

Die Dänen indes, so empfanden wir es, hatten uns unnötig unter Zugzwang gebracht. Weil jeder sich bloß diese Fragen stellte: Wann rufen sie bei mir an, die lästigen Journalisten? Und, wenn wir jetzt auch umsteigen, umsteigen müssen, wo bekommen wir auf die Schnelle diese großen Mengen transfettfreien Öls her? Möglichst ums gleiche Geld?

Vorgaben aus der Europazentrale gab es keine. Nur diese Empfehlung: Macht es davon abhängig, wie sehr die Geschichte mediales Thema wird. Wo sich die Anfragen häufen, dort stellt um. Wo nicht, lasst es bleiben.

In Österreich gab es diese Medien-Coverage, wie wir es nannten. Österreich zog rasch nach. Klarerweise mit der klassischen Flucht-nach-vorne-Werbestrategie, die uns wie Sieger dastehen lassen sollte. Damit diese Botschaft rüberkam:

Natürlich sind auch wir bereit, auf Transfette zu verzichten. Ganz ohne Zwang. Wir brauchen keine Verbote, um zu wissen, was richtig ist. Wir handeln eigenständig. Immer im Dienste der Gesundheit der Menschen.

Transparenz: Was ist wo wirklich drin?

Fast-Food-Riesen setzen heutzutage auf dieses Wort: Transparenz.

Gibt es diese Transparenz wirklich? Erhalten wir als kritischer und interessierter Konsument Einblick, was wir zu uns nehmen? Oder ist das doch nichts, als eine leere Worthülse?

Wer es genau wissen will, kann sich die einzelnen Zutaten seines Burgers zusammentragen. Im Wesentlichen sind die Beigaben tatsächlich abrufbar. Aber eben nur im Wesentlichen. Weil von Durchsichtigkeit nur vordergründig die Rede sein kann. Selbst der noch so engagierte Versuch, einen ungefähren Überblick zu erhalten, gestaltet sich wie das Legen eines 1000-Teile-Puzzles ohne Vorlagebild.

Ich habe diesen Versuch für Sie unternommen. Bis ich alles zusammengestoppelt hatte, dauerte es Stunden. Wirklich schlauer geworden, bin ich als Konsument allerdings nicht.

Warum nicht?

Wenn Sie reinschnuppern wollen in die Materie, dann machen Sie diesen einfachen Test. Googlen Sie:

McDonald's Inhaltsstoffe

Sie kommen auf die Homepage von *McDonald's*. In meinem Fall *McDonald's* Österreich. Klicken Sie den obersten von vier grau unterlegten Balken an. Diesen nämlich:

McDonald's – Zutaten und Inhaltsstoffe

Ein PDF-Dokument poppt auf.

Gleich zu Beginn der Hinweis, dass die nachfolgende Liste zwar nach bestem Wissen und Gewissen erstellt worden sei, eine Garantie für Vollständigkeit und Korrektheit zu jeder Zeit jedoch nicht übernommen werden könne.

Nun gut. Soll sein.

Von Seite 3 bis Seite 14 befindet sich das eigentliche Herzstück der Information. Es beginnt mit der *McDonald's*-internen Kategorisierung nach Produktgruppen, von 1 bis 16:

The Signature Collection, McF1rst™, Klassiker, Chicken McNuggets & Pommes, Wraps, Salate, Veggie-Produkte, Glutenfrei, Desserts, Vitaminkick, Getränke, Hotdrinks, Frühstück, Saucen, Geburtstagskuchen, Frittieröl.

Schön zu wissen. Insgesamt aber eher unerheblich. Abgesehen davon, dass bei den einzelnen Produkten auch die Zutaten aufgelistet sind. Na also. Nehmen wir ein beliebiges Beispiel:

Royal TS. *Als Zutaten finden sich aufgelistet:*

Bun Royal
Beef Patty
Sandwich Sauce
Tomatenscheibe
Salat
Zwiebel frisch
Cheddar-Schmelzkäsezubereitung
Salz- und Pfeffermischung

Ab Seite 8 folgen die entsprechenden Inhaltsstoffe:

Scrollen Sie sich unter Punkt 2 (Buns und Gebäckstücke) zu Bun Royal. Er wird gemacht aus Weizenmehl, Wasser, Zucker, Hefe, Sesamsamen, Pflanzenöl, Speisesalz, Emulgatoren: E471, E472e, E481.

Jetzt wird es erstmals ein bisschen kompliziert. Googeln sie meinetwegen gleich den ersten angeführten Emulgator: E471. Sie werden zuoberst auf Beiträge stoßen, die in den Raum stellen, womit Sie vermutlich nicht gerechnet hätten:

In Brot kann auch Schwein stecken.

Weil für die Herstellung von E471 sowohl pflanzliche als auch tierische Fettsäuren herangezogen werden. Für Menschen, die sich irgendwo zwischen Vegetarier und Veganer bewegen, schon einmal der erste Schlag in die Magengrube. Natürlich sagen Sie jetzt zu Recht: Die essen keinen TS Royal.

Stimmt. Diese Kunden würden zu einem Veggie-Produkt greifen. Dem Veggie Burger etwa. Das Brot, das dafür verwendet wird, heißt Bun McFirst. Zurück zur Zutatenliste und wir erkennen: Neben vielen anderen E-Nummern findet sich auch diese: E471. Also doch Schwein im Brot.

Fleisch (beim Royal TS das an zweiter Stelle gelistete Beef Patty) wird unter Proteine geführt. Dort findet sich an letzter Stelle aber auch das Veggie Patty. Ja, klar, auch in pflanzlichen Produkten können Eiweiße enthalten sein.

Jetzt wollte ich es genauer wissen. Welche sind die echten Proteinspender unter den Gemüsesorten? Die Top Zehn sind diese hier: Brunnenkresse, Kidneybohnen, Champignons, Spinat, Senfblätter, Gartenbohnen, Kopfsalat, Sojabohnen, Linsen, Brokkoli.

Im unter Proteine geführten Veggie Patty von *McDonald's* findet sich nur die Nummer zehn: Brokkoli. Sie sehen: Es ist alles sehr kompliziert.

So geht es weiter bis zur letzten Zutat. Es dauert in Summe Stunden, und trotzdem erfahren Sie alles nur ungefähr. Dafür stoßen Sie auf eine Vielzahl von Begriffen, bei denen im Gehirn nichts aufblinkt. Oder wissen Sie damit etwas anzufangen? Können Sie auf Anhieb nur eine einzige dieser Zutaten einordnen?

Spirulinakonzentrat
Kaliumsorbat
Kaliumchlorid
Antioxidans E224
Säure E330
Emulgiersalze (E331, E452)
Modifizierte Maisstärke

Ob bei *McDonald's, Burger King* oder einem beliebigen anderen: Die Liste der für den Normalverbraucher rätselhaften Zutaten ist endlos. Es sind Hunderte. Nicht nur, dass Ihnen die allermeisten nichts sagen werden (es sei denn, Sie sind Lebensmitteltechniker), erfahren Sie ebenso wenig, wie viel wovon enthalten ist. Darüber gibt es so gut wie keine Angaben. Ausgenommen dort, wo es dem Image des Konzerns dient. Etwa beim Beef Patty, dem Burger-Laibchen. Da steht: »100% Rindfleisch«

Das stimmt auch. Das weiß ich aus meiner eigenen Zeit bei *McDonald's*. Es ist tatsächlich zu hundert Prozent Rind.

Aber: Darüber hinaus bestimmen zu wollen, ob Sie von anderen Zutaten, einem Zusatzstoff womöglich, mehr zu sich nehmen, als Ihnen lieb ist oder guttut, ist praktisch unmöglich.

Die Sache mit den E-Nummern

Einen nur annähernd überschaubaren Einblick in die Inhaltsstoffe der Fast-Food-Industrie zu erhalten, grenzt an harte wissenschaftliche Arbeit. Es gibt aber solche, die von Ernährungsexperten als besonders problematisch eingestuft werden, ohne dass die Konzerne gegen Gesetze verstoßen würden. Prinzipiell lässt sich sagen: E-Nummern sind mit Vorsicht zu genießen, auch wenn viele von den Behörden als unbedenklich eingestuft werden.

Ein paar der größten Sorgenkinder, die völlig legal und in teils beträchtlichen Mengen im Fast Food enthalten sind, habe ich Ihnen zusammengetragen:

Teigverbesserer: Die sind praktisch in allen Brötchen enthalten. Azodicarbonamid ist einer der weit verbreiteten. Es handelt sich dabei um ein schaumbildendes, chemisches Triebmittel, zu finden etwa in Kunststoffen und Kautschuk.

Auch in Tabakprodukten kommt es zum Einsatz. In der EU ist es inzwischen als Triebmittel verboten, in vielen anderen Ländern nicht.

Der Zungenbrecher Dinatriumhydrogenphosphat ist auch eines dieser Triebmittel. Im Gegensatz zu Azodicarbonamid ist es in Europa zugelassen. Es kommt zum Beispiel in Kartoffelpuffern oder Tortillas vor und steht im Verdacht, Knochenschwund (Osteoporose) zu verursachen.

Oder dieser: E223. Natriummetabisulfit.

Antischaummittel: Sie werden Speiseölen beigefügt, verhindern unerwünschtes, zu starkes Aufschäumen beispielsweise beim Frittieren (aber auch bei der Herstellung von Konfitüren, Obstsäften et cetera) und finden folglich bei einer Vielzahl von Fast-Food-Produkten Anwendung. Dimethylpolysiloxan ist eines dieser Mittel. Es findet sich zum Beispiel auch in Kaugummi. Oft scheint es unter dieser Bezeichnung auf: *E900.*

Backteig-Zugaben: Natriumaluminiumphosphat (E541) wäre hier zu nennen. Es wird in Backpulvern als sogenannter Säureträger verwendet. In Backteig frittierte Hühnerteile etwa weisen E541 auf. Verboten ist das keineswegs, gesundheitsförderlich allerdings auch nicht. Studien legen einen Zusammenhang mit dem möglichen Ausbruch von Alzheimer nahe. Zu große Mengen können auch das Calcium-Phosphat-Gleichgewicht stören (Knochenabbau), auch können sie ADHS begünstigen.

Saucen-Beigaben: Natriumbenzonat (E211) zum Beispiel. Das Salz der Benzoesäure. Eine Untersuchung aus Großbritannien ergab kürzlich, dass E211 zu Hyperaktivität bei Kindern führen kann. Auch allergieähnliche Symptome sind dokumentiert, von Krämpfen angefangen. Bei vielen Fast-Food-Anbietern ist es in Saucen enthalten.

Geschmacksverstärker: Bei den E-Nummern sind diese leicht zu erkennen, weil sie ab 600 beginnen. Die berühmten Glutamate. Dabei gibt es gleich eine Reihe, die selbstverständlich alle erlaubt sind, und doch von Experten als problematisch eingestuft werden. An dieser Stelle nur drei von vielen Beispielen:

- *E620:* Glutaminsäure wirkt appetitanregend, steht demnach im Verdacht, die Gewichtszunahme zu fördern. Außerdem ist sie nicht empfehlenswert für Menschen mit Asthma, Neurodermitis oder Pseudoallergien.
- *E621:* Mononatriumglutamat ist der bekannteste aller Geschmacksverstärker. Oft dokumentierte Nebenwirkungen sind Übelkeit, Kopfschmerzen, Taubheitsgefühl, Schwächeanfälle.
- *E622:* Monokaliumglutamat gilt vor allem für Kinder als sehr bedenklich.

Sind die verwendeten Phosphate natürlich oder künstlich?

Auch darüber erhalten Sie als interessierter Kunde nicht so leicht Auskunft. Dabei sind es gerade die Phosphate, die viele Lebensmittel zu chemischen Keulen verwandeln. Ich spreche von den künstlichen Phosphaten, nicht von jenen, die in der Natur vorkommen.

Natürlicher Phosphor kommt in fast allen Lebensmitteln vor. Hülsenfrüchte (Bohnen, Erbsen, Linsen et cetera), Fleisch, Getreide, Nüsse, Obst, Gemüse. Überall da findet sich Phosphor. Wir brauchen ihn auch, er erfüllt eine Vielzahl von Aufgaben. Er ist Baustein für Knochen und Zähne. Er spielt eine entscheidende Rolle im Stoffwechsel. Er stabilisiert den PH-Wert im Blut. Der menschliche Körper nimmt in der Regel das an Phosphaten auf, was er braucht. Der Rest wird über die Nieren wieder ausgeschieden.

Unverdaut.

Synthetische (künstlich zugesetzte) Phosphate in unserer Nahrung spielen in einer ganz anderen Liga, was Nutzen und Gesundheit angeht. Für die Industrie hingegen sind sie wahre Wundermittel. Denn sie dienen als:

- Geschmacksverstärker
- Konservierungsstoffe
- Stabilisatoren
- Säureregulatoren
- Backtriebmittel
- Dickungsmittel
- Bindemittel

Sie verhindern, dass Puddingpulver verklumpt, zaubern den herrlichen festen Schaum auf Instant-Cappuccinos, machen Käse und Wurst um Wochen länger haltbar. Wer etwa einen Liter Cola trinkt, hat bereits die gerade noch tolerierbare Höchstmenge an Phosphat zu sich genommen. Schmelzkäse (wie in Burgern) strotzt nur so vor künstlichen Phosphaten.

Auch hier gilt: Die Liste der Speisen, denen sie beigesetzt werden, ist endlos. Aber ich kann Ihnen diese Übersicht von E-Nummern anbieten, bei denen es sich garantiert um künstliche Phosphate handelt. Wenn Sie diese Nummern sehen, sollten Sie wissen, dass Sie pure Chemie zu sich nehmen.

E338 – Phosphorsäure: Zu finden unter anderem in Softdrinks, Sportlergetränken, Schlagobers, diversen Milchgetränken, Milchpulver und Kaffeeweißer. Einer Studie der EU-Kommission zufolge sprechen Kinder auf E338 in besonderem Maße an. Weil sie Phosphorsäure bis zum 1,7-fachen des gerade noch tolerierbaren Wertes aufnehmen. Um vieles stärker als Erwachsene.

E339 – Natriumphosphat: Es dient der Stabilisierung des Säuregrades von Lebensmitteln, unterstützt die Wirkung von Gelier- und Verdickungsmitteln, wird aber auch zum Enthärten von Wasser verwendet, sowie in der Textilindustrie und in Reinigungsmitteln.

E340 – Kaliumphosphat: Die Verwendung ist extrem vielfältig, fast unüberschaubar.

E341 – Calciumphosphat: Es haftet sehr gut an Lebensmitteloberflächen, verhindert also das Verkleben, Anbacken oder ungewünschte Festwerden. E341 ist daher auch als Trennmittel im Einsatz. Zu finden unter anderem in Milchpulver und Kaffeeweißer, Trockenpulver für Desserts, Backmischungen, diverse Trockenlebensmittel in Pulverform.

E343 – Magnesiumphosphat: Einsatz als Trennmittel. Ähnliche Verwendung wie E341, zusätzlich auch in Nahrungsergänzungsmitteln.

E442 – Ammoniumphosphatide: Sie verbessern zum Beispiel die Fließfähigkeit von Schokolade und sind ausschließlich für Kakao- und Schokoladeprodukte zugelassen.

E450 – Diphosphate: Einsatz als Kutterhilfsmittel und Schmelzsalz. Zu finden in Fleischprodukten, Schmelzkäse, Desserts, Speiseeis, Mehlen und Backmischungen. Außerdem in Verwendung als Reinigungsmittel und in der Papierindustrie.

E451 – Triphosphate: Gerne als Stabilisatoren und Säureregulatoren eingesetzt. Zu finden in Schmelzkäse und Fleischprodukten, Speiseeis, Desserts. Außerdem im Einsatz in Zahn- und Mundpflegemitteln.

E452 – Polyphosphate: Unter den erlaubten Phosphaten sind sie die stärksten Eiweißlöser. Auch sie sind in Fleisch,

Schmelzkäse, Desserts und Speiseeis enthalten. Und dienen der Trinkwasseraufbereitung.

E541 – Saures Natriumaluminiumphosphat: Dieses kommt zum Einsatz als Säureträger in Backpulvern (Biskuitgebäck).

E1410 – Monostärkephosphat: Verhindert, dass sich die Fett- und Wasserphasen von Lebensmitteln trennen. Ist oft als Ersatzstoff für Fett im Einsatz, weil es im Mund ein cremiges Gefühl erzeugt. Zu finden in Dressings, Puddingpulver, Brot und Backwaren, Fruchtfüllungen, Soßen, Trockensuppen.

E1412 – Distärkephosphat: Braucht im Vergleich zu natürlicher Stärke viel kürzer, um Wasser zu binden und zähe Massen auszubilden. Einsatz: Dressings, Brot und Backwaren, Soßen, Trockensuppen, Puddingpulver, diversen Milcherzeugnissen und Fertiggerichten.

E1414 – Acetyliertes Distärkephosphat: Gemeinsam mit Wasser bildet es stark zähflüssige Massen, die auch beim Einfrieren, Auftauen oder starker mechanischer Belastung (Rühren) stabil bleiben. Zu finden in Tiefkühlprodukten, Backwaren (samt Füllungen), diversen Süßwaren, der Käse- und Schmelzkäsezubereitung, Soßen, Suppen, Desserts.

E1442 – Hydroxypropyl-Distärkephosphat: Dieses ist hitze- und kältestabil, kann außerdem Gele ausbilden und hält großen mechanischen Belastungen stand. Hier kommt immer wieder auch Gentechnik zum Einsatz. Verwendung: Tortenfüllungen, Salatsoßen, Kaugummi, zahlreiche Fertigprodukte.

Under-Cover-Anfrage bei McDonald's

Das wollte ich nun doch genauer wissen. Sind einige dieser künstlichen Phosphate auch in Fast-Food-Produkten vom Marktführer enthalten? Aus den Angaben auf der Homepage geht das nicht eindeutig hervor beziehungsweise verliert man sich nur allzu rasch in dem Gewirr.

Ich schrieb an *McDonald's* Österreich. Dort wussten sie natürlich nicht, dass einer ihrer ehemaligen Geschäftsführer nachfragte. Ich schrieb unter einem anonymen Account, weil ich auch Antwort darauf haben wollte:

Wie ernst nimmt mein ehemaliger Brötchengeber es mit der Transparenz?

Wie ernst nimmt er seine Kunden?

Meine Anfrage im Wortlaut:

Sehr geehrte Damen und Herren, mit Sorge habe ich in den Medien gelesen, dass viele Lebensmittel künstliche Phosphate enthalten. Vor allem in Fast Food bzw. Getränken sollen diese enthalten sein. Können Sie mir mitteilen, in welchen Lebensmitteln und Getränken von McDonald's künstliche Phosphate enthalten sind?
Vielen Dank
Roman S.

Antwort vom Kundendienst im Wortlaut:

Sehr geehrter Herr S.,
vielen Dank für Ihre Email und Ihr Interesse an McDonald's. Gerne teilen wir Ihnen mit, dass Sie die Zutaten und Inhaltsstoffe für alle unsere Lebensmittel und Produkte auf unserer Homepage finden.

Und aus. Die klassische Taktik. Der Frage ausweichen. Den anderen im Unklaren lassen. Ich konnte mir nicht helfen. An diesem Tag hatte ich das Gefühl, als hätte mir jemand gesagt:

»Schau doch selber nach, du Idiot.
Und alles Gute dabei.«

Wie viel Rind ist wirklich im Burger drin?

Fleisch & Fisch: Mythos & Wahrheit

1. Unsere Burger bestehen zu hundert Prozent aus Rindfleisch.
2. Unser Rindfleisch stammt zu hundert Prozent aus heimischer Produktion.
3. Ein Fernsehspot, der glückliche Rinder zeigt. Die Bilder stellen ideale Bedingungen bei Haltung und Herkunft in den Raum (wie bei der *McDonald's*-Qualitäts-Kette, mit der die übrigen Produkte auch mit bunten Bildern und kurzen, einprägsamen Botschaften beworben werden). Besser geht nicht. Eine glückliche Familie zeigt der Spot ebenso. Pures Naturfeeling.

Punkt 1 stimmt. Das kann ich auch aus meiner eigenen Zeit bei *McDonald's* nur bestätigen. Es ist reines Rindfleisch. Zu einhundert Prozent. In der Regel von alten Milchkühen. Der Fettanteil beträgt zwanzig Prozent. Nach der Güte befragt, würde ich sagen: Nicht überragend, aber durchaus in Ordnung. Daran gibt es nichts auszusetzen. Die Fleischqualität ist nicht das Problem.

Punkt 2 stimmt. Für Österreich wenigstens. Das war damals so und ist auch heute noch so.

Punkt 3 wirft Fragen auf. Da wird es problematisch.

Österreich ist ein winziger Markt und keineswegs repräsentativ. Ein Blick nach Deutschland schafft mehr Klarheit. Dort soll der Rindfleischanteil aus heimischer Produktion offiziellen Angaben zufolge bei 93 Prozent liegen. Vier Herkunftsländer werden genannt. Dänemark, Polen, die Niederlande und Österreich.

Millennials bringen die Konzerne ins Schwitzen

Seit etwa vier oder fünf Jahren haben *McDonald's* und Co. ordentlich mit Kundenschwund zu kämpfen. Das hat mitunter mit den Millennials zu tun, der Generation Y, wie sie genannt wird. Zwischen 1980 und 1999 Geborene. Sie sind Fluch und Segen zugleich für die Lebensmittelriesen. Fluch, weil diese Generation ein Bewusstsein für Qualität entwickelt hat. Weil viele lieber den Kaffee bei kleinen Röstern nehmen, die fast auf die Plantage genau wissen, wo die Bohne herkommt. Weil sie auch weniger, dafür teureres und hochwertigeres Fleisch essen.

Um diese Klientel nicht restlos zu verlieren, musste auch die Fast-Food-Branche umdenken, sich anpassen mit Produkten, die für andere die Lebensgrundlage bedeuten, für sie selbst aber bloß Nischen füllen. Darin liegt nämlich zugleich der Segen am kritischen Bewusstsein der Millennials: Sie öffnen den Raum für neue Sparten, wo auch *McDonald's* und Co. mitzumischen gedenken.

Also verpassen sie sich ein Bio-Image. Doch was ist daran Wahrheit, was Mythos?

Gläserner Burger dank QR-Codes?

Food Tracking ist der Terminus für den Versuch, zunehmend kritische Verbraucher mittels High-Tech zu überzeugen. Vom Regal zurück zur glücklichen Kuh auf der Weide. Oder von der Burger-Schachtel zurück in den Stall.

Genau das suggerieren QR-Codes auf den Verpackungen von *McDonald's*. Dass alles offen und einsehbar ist. Woher das Fleisch kommt. In welchem Fett es gebraten wurde. Investigative Kamerateams machen sich in unregelmäßigen Abständen auf, dieser Transparenz eines sonst traditionell eher verschwiegenen Konzerns auf den Zahn zu fühlen. Dasselbe geschieht auch mit der Ware von *Burger King*.

Ein beliebiges Patty wird aus dem Lieferkarton herausgefischt, ehe es auf dem Grill landet. Hier beginnt die Spurensuche nach der Herkunft. Der erste Weg führt zum Auslieferer. In eine riesige Halle, wo die Burger-Laibchen bei minus zwanzig Grad gelagert werden. Der Code auf den dort größeren Kartons führt weiter zum Schlachthof.

Spätestens im Schlachthof ist in der Regel aber Schluss mit der totalen Transparenz. Weil die Fährte in einen Fleischberg mündet, der sich aus bis zu 150 Milchkühen zusammensetzt.

Aus diesem Berg stamme der eine Burger, heißt es. Achselzucken beim Mitarbeiter. Mehr lässt sich nicht sagen. Das Patty wird gepresst, in Form gebracht, schockgefroren, verpackt, verschickt. Irgendwann landet es in der Filiale in jenem Karton, auf dem ein QR-Code wiederum zurück in den Schlachthof verweist.

Mehr Information gibt es nicht. Nicht bei *Burger King*. Nicht bei *McDonald's*. Nicht bei *Subway* oder sonst irgendwo. Auch wenn ab und zu kamerawirksam Musterbetriebe präsentiert werden. In einem Fall war es allerdings so, dass die Bauern bis zu dem Augenblick, als die Fernsehleute im Stall standen, gar nichts davon wussten, dass ihre Tiere angeblich von *McDonald's*-Kunden verzehrt wurden.

Kein Auslauf, keine frische Luft, Fehler bei der Schlachtung

Dann wäre da noch die Sache mit der Tierhaltung. Ein Großteil der Rinder, die im System Fast Food landen, lebt in Anbindehaltung. Das ist nicht ungesetzlich, doch oft genug grausam. Keine frische Luft. Wenig Licht. Kein Auslauf. Wundgelegene Gelenke. Obwohl ein Leben im Freien, gerade auch bei Wind und Regen, die Abwehrkräfte stärkt, die Tiere gesünder hält und letztlich der Qualität des Fleisches dient. Die Anbindehaltung wird in Österreich ab 2020 verboten sein, allerdings mit Ausnahmen.

In Deutschland ist nichts dergleichen in Sicht.

Auch nicht unbedingt gut ist es um die Praktiken bei der Schlachtung bestellt. Erst vor rund einem Jahr strahlte Stern TV Bilder aus, die für einen öffentlichen Aufschrei sorgten.

Aktivisten hatten in einem OSI-Schlachthof in Tauberbischofsheim im Nordosten Baden-Württembergs gefilmt. Die OSI Food Solutions Germany GmbH. Verarbeitet und produziert Fleisch und Geflügel exklusiv für *McDonald's* Deutschland. Die Burger-Pattys kommen auch von dort.

Im TV zu sehen waren Tiere, die unzureichend betäubt worden waren, die bei vollem Bewusstsein an Haken hingen. Tierschützer rechnen vor, dass ganz allgemein bei rund einem Drittel aller Rinder die Betäubung mittels Bolzenschuss nicht richtig funktioniert. Das lässt sich anhand der Einschussposition nachträglich rekonstruieren. Andere Bilder bei OSI wiederum zeigten, wie Tiere mit Elektroschockern an besonders empfindlichen Stellen unnötig gequält wurden. Eine verpflichtende Videoüberwachung in Schlachthöfen ist übrigens die Ausnahme. Frankreich hat eine entsprechende Regelung.

Schweine ersticken im eigenen Blut

Bei den Schweinen sieht es auch nicht besser aus. Fehlbetäubungen wie beim Rind nachzuweisen, ist schwierig, weil sie nicht mechanisch erfolgen, sondern mittels Elektroschock oder CO_2. Mindestens ein Prozent, so die sehr konservativen Schätzungen, würde durch zu kurzes Ausbluten am eigenen Blut ersticken. Bei knapp 60 Millionen Tieren pro Jahr (Stand 2018) bedeutet das: mindestens 600.000 Tiere starben qualvoll.

Billighühner voller Antibiotika

Ich habe ihnen von dem massiven Druck erzählt, der aus London auf das Management von *McDonald's Österreich* ausgeübt wurde, nicht länger Hühner aus heimischer Produktion zu verwenden, weil man sie anderswo um sehr viel weniger Geld bekommen konnte. Über den Zentraleinkauf. So wurden es die spottbilligen Tiere aus Spanien.

Der flächendeckende Einsatz von Breitbandantibiotika in der industriellen Hühnerzucht ist seit Langem gängige Praxis. Ebenso, dass kranke wie gesunde Tiere gleichermaßen vollgepumpt werden. Die kranken, um sie schlachttauglich zu machen, die gesunden, um vorzubeugen. Ein angenehmer, bei der Industrie durchaus willkommener Nebeneffekt dieser chemischen Kur ist das gesteigerte Wachstum.

Der zweite, alles andere als willkommener Nebeneffekt: Wissenschaftler orten seit geraumer Zeit in genau diesem generellen massiven Einsatz von Antibiotika bei Nutztieren einen Grund dafür, dass immer mehr Menschen gegen immer mehr Medikamente Resistenzen entwickeln.

McDonald's hat angekündigt, den Einsatz von Antibiotika bei Hühnerfleisch reduzieren zu wollen. Zumindest sollen solche Medikamente, die auch beim Menschen zum Einsatz kommen, nicht länger verwendet werden. Der Zeithorizont bis zur Umsetzung dieser Willenserklärung ist allerdings nicht unbedingt der kleinste: 2027 soll es soweit sein.

Kein Fisch im Fisch Mäc?

Der Mythos, im Filet-o-Fish (früher: Fisch Mäc) von *McDonald's* befände sich gar kein Fisch, hält sich hartnäckig, ist aber eben nur ein Mythos. Er führt zurück auf diese Geschichte: Eine Kundin klagt *McDonald's*, weil sie eine Fischvergiftung erlitten habe. Der Konzern gewinnt den Prozess, weil er den Nachweis führt: Im Filet-o-Fish ist gar kein Fisch drin. Nicht Seelachs. Nicht Kabeljau. Nicht Schellfisch. Nicht Seehecht.

Die Geschichte ist frei erfunden. Die angesprochenen Fischarten sind sehr wohl drin. Je nach Saison. Daran ist nichts zu rütteln. Sehr wohl aber am Grad der Nachhaltigkeit, mit dem dieser Fisch angeblich gefangen wird.

McDonald's zum Beispiel bezieht seine Ware von Lieferanten, die den Fisch bei der *Marine Stewardship Council* (MSC) zertifizieren lassen. Auch viele andere der Branche machen das so. Das bekannte, blau-weiße MSC-Siegel soll Vertrauen schaffen. Bei Umweltschützern allerdings erregt es nichts als Argwohn.

»MSC hat extreme Schwächen«, sagt Nunu Kaller, Konsumentensprecherin von Greenpeace Österreich. »Es gibt derzeit gar kein vertrauenswürdiges Gütezeichen für Meeresfisch am Markt. Das Problem sind nicht nur die Fangmethoden und der Beifang, sondern auch schlicht die immer weiter steigende Nachfrage nach Meeresfisch. Um den eigenen Fischkonsum nachhaltig zu gestalten, raten wir, heimischen Fisch wie Saibling oder Forelle zu konsumieren und auf Meeresfisch wenn möglich zu verzichten.«

Das Regelwerk für die Zertifizierung sieht vor, dass MSC nicht mehr Fisch fangen darf, als natürlich nachwächst. Es dürfen keine irreversiblen Schäden am Ökosystem entstehen. Der MSC kündigt regelmäßig die Überarbeitung seiner Standards an, doch die Kritik seitens der Umweltschützer will nicht verstummen. Das hat auch mit den Plänen des Konzerns zu tun: Es soll weiter expandiert werden. Der Bedarf ist da. Fisch mit Gütesiegel soll schon im kommenden Jahr, 2020, um bis zu zwanzig Prozent mehr Umsatz bringen als noch vor zwei Jahren.

Alles für einen Burger: Der Krieg gegen die Natur

Nachhaltigkeit und Tierschutz sind das eine, Umweltschutz ist das andere. Wir müssen nicht in die Regenwälder im fernen Brasilien blicken, um zu erkennen, was schiefläuft. Wir müssen nicht nach Bolivien blicken, wo *Burger King* laut Berichten von *Mighty Earth* oder *WWF* im Verdacht steht, Soja aus sehr zweifelhaften Quellen zu beziehen, und dass mit jenem Soja später die Rinder gefüttert werden, die zwischen Burger-Buns landen. Wir müssen auch nicht die Drohnenbilder ansehen, die uns riesige, völlig verödete Landstriche zeigen, wo zuvor noch blühendes Leben geherrscht hat.

Ein Blick vor die eigene Haustüre genügt vollauf. Auch hier, mitten in Europa, führt der Mensch einen erbarmungslosen Krieg gegen die Natur.

Weltweit sind zurzeit rund eine Million Tier- und Pflanzenarten vom Aussterben bedroht. In Deutschland beispielsweise hat sich der Bestand fliegender Insekten seit Ende der 1980er Jahre um drei Viertel reduziert. In Österreich sieht es nicht viel besser aus. Singvögel verschwinden, und auf den Feldern wird es immer stiller, weil selbst Meisen und Stare rar geworden sind. Früher nannte man sie noch Allerweltsvögel, schon langsam verkommen sie zu Raritäten.

Was das mit Fast Food zu tun hat?

Jede Menge. Weil einmal mehr die Nahrungsmittelindustrie nicht Teil der Lösung, sondern immer nur Teil des Problems ist. Mehr denn je hat sie in der Politik alte Freunde als mächtige Verbündete zur Seite. An den zweifelhaften Flächenprämien wird nach wie vor nicht gerüttelt. Das hat der irische EU-Agrarkommissar Phil Hogan erst kürzlich bestätigt. Jetzt schon, während der Erstellung, steht so gut wie fest: Am Haushaltsplan der EU für 2021 (das Agrarbudget ist der bei weitem größte Posten) wird sich diesbezüglich nichts ändern. Somit sind und bleiben die Flächenprämien eine Belohnung für die systematische Zerstörung der Natur. Dort, wo es nur um Ertrag und Profit geht, ist die Mehrfruchtfolge nicht gefragt. Größte Nutznießer sind die agrarischen Großbetriebe.

Jene besorgten kleinen und mittelständischen Landwirte, die ihre Landschaft schützen wollen, indem sie auf Bio-Produktion und Nachhaltigkeit setzen, zahlen den Preis. Sie können nicht mithalten mit den Kollegen, die die Industrie bedienen. Es sind andere, die beispielsweise Schweinefleisch so produzieren können, das es um drei bis vier Euro das Kilo im Kühlregal eines Supermarktes landet und immer noch ein Geschäft ist.

Wie stark die Bande zwischen Politik und Agrarindustrie tatsächlich sind, hat eine Untersuchung der Universität in Bremen aufgezeigt, in der die engmaschige Verknüpfung von Bauernverband und CDU/CSU-Politik offengelegt wurde. Dieselbe Optik eines erkrankten Agrarsystems durch kranke Agrarpolitik ergibt sich ebenso in Frankreich und anderswo. So sehr offiziell Gegenteiliges beteuert wird, so sehr gilt doch:

Klasse statt Masse ist das Gebot der Stunde.

Prinzip Green-Washing

Womit sich der Kreis schließt und wir wieder beim Fast Food angelangt sind. Weil sich auch die Frage stellt:

Wie grün kann Fast Food überhaupt sein?

Die neue Offenheit von *McDonald's, Burger King* und Co. will uns jedenfalls genau das glauben machen. Sie schließt den Umgang mit den Ressourcen nicht nur in ihr Konzept für die Öffentlichkeit ein, sondern zeigt den fetten, grünen Daumen. Green-Washing wird dieses Ringen um einen Imagewandel genannt.

Als ich noch Geschäftsführer in Österreich war, kam die grüne Welle in der Branche gerade so richtig ins Rollen. Diese Welle fand auch darin Niederschlag, dass die Farbgebung geändert wurde. Die Gebäude strahlten nun in Grün, auch das Logo erhielt einen neuen Anstrich. Weil das, wie wir wissen, im Unterbewusstsein der Menschen etwas in Gang setzt.

Ich kann mich noch gut erinnern, als wir erste Umwelt-Touren mit Journalisten gemacht haben. Vom Restaurant bis zum Entsorger. Motto:

1. Vermeiden
2. Verwerten
3. Dann erst entsorgen

McDonald's wurde zum Vorzeige-Umweltbetrieb aufgeputzt. Wir haben ihnen die Boxen gezeigt, die eigens gebaut wurden, um den Müll perfekt zu trennen. Wir haben ihnen von Mitarbeitern erzählt, die ausgesandt werden, um den Verpackungsmüll, den Kunden im näheren Umkreis von Filialen achtlos irgendwo entsorgen, wieder einzusammeln.

Wir haben davon gesprochen, dass es längst Konzepte gebe, wie der Plastikmüll künftig weiter reduziert und vielleicht sogar gänzlich vermieden werden könne. Davon auch, dass wir Plastiklöffel gegen abbaubares Biobesteck ersetzen und Plastikbecher ebenfalls abschaffen würden. Wir haben von der Wärmerückgewinnung gesprochen. Und so weiter.

Es darf aber auch nicht unerwähnt bleiben: Wir in Österreich waren in diesen Dingen damals tatsächlich ganz weit vorne dabei.

Natürlich haben das nicht alle Vertreter der Presse geschluckt, viele aber sehr wohl. Ziemlich bereitwillig sogar. Wir haben ihnen den prozentuellen Rückgang bei Müll vorgerechnet, den jede einzelne Filiale umzusetzen imstande ist. Die Trennung war ja auch ins kleinste Detail durchorganisiert worden, ganz im *McDonald's*-Stil des Perfektionismus. Eine Zahl wie 500 Kilogramm als Ersparnis pro Standort hat da schon beeindruckt. Das hat zumeist genügt, um die wahren Probleme kleinzureden.

Dabei war es nichts anderes als eine Milchmädchenrechnung, weil die Wahrheit so aussah: Als ich 1993 begann, wurde das neunundzwanzigste oder dreißigste Restaurant in Österreich eröffnet. Als ich 2006 aufhörte, waren es 174. So lobenswert es sein mag, da und dort ein paar Prozente einzusparen, der enorme Zuwachs an Müll allein durch die Expansion des Unternehmens war das eigentliche Problem. Auf genau diese Frage, die nach den Gesamtmengen von Müll in Tonnen, habe ich bei den Touren vergeblich gewartet.

Manchmal ist es eine Frage des kritischen Hinterfragens. Manchmal eben doch bloß die des geschickten Verkaufens gar nicht so angenehmer Wahrheiten.

Industrielle Landwirtschaft: Vom Klima bis zum Herzinfarkt

Bücher über die Auswirkungen menschlicher Ernährung auf den Planeten füllen längst ganze Bibliotheken. Die Flut an Zeitungsberichten ist ebenfalls schier unüberschaubar. Alles scheint schon tausendmal berichtet und durchgekaut. Von der Palmölkrise bis zu den Hungersnöten, die auf die Gier der Nahrungsmittel- und Fast-Food-Industrie zurückzuführen sind.

Es gibt jedoch eine Art Abkürzung quer durch den Informations-Dschungel: Die CCI, die *Climate Change Initiative der Universität Massachusetts Lowell* in den USA, hat im Frühling 2019 eine Aufstellung veröffentlicht, die Ursache und Wirkung industrieller Landwirtschaft im Dienste der Fast-Food-Industrie gleichsam auf einen Blick veranschaulicht und auch, welche Probleme sie uns Menschen auferlegt. Sie trägt den Titel *The Challenges.*

Die Herausforderungen:

- Globale Erwärmung (Methanausstoß der Rinder, Nitrate, Ammoniak)
- Subventioniertes Getreide und Soja (Zentralisierte Monokulturen)
- Nahrungsmittelpreise (Schwankungen und Preisdruck)
- Gentechnisch veränderte Organismen (Herstellung mittels auf Öl-Basis produzierten Chemikalien)
- Abholzung der Wälder zugunsten von Weideland
- Verschmutzung von Luft, Boden und Wasser

- Bodenerosion
- Unethische Behandlung von Nutztieren
- Massive Verschwendung von Lebensmitteln
- Verlust der Artenvielfalt
- Menschenhandel (Arbeitssklaven)
- Die vier Killer: Herzinfarkt, hoher Blutdruck, Cholesterin, Diabetes
- Weltweite Fettleibigkeit
- Wachstum durch Hormone
- Antibiotika-Resistenzen gegen Bakterien
- Fleischrückrufaktionen
- Ausbruch von E.coli-Infektionen
- Globale Pandemien
- Hungersnöte und Kriege
- Klimawandel und seine Folgen

Was Fast-Food-Werbung mit der Jugend anstellt

Die Tricks der Kinderfänger

Unter all jenen Strategien, mit denen *McDonald's*-Urvater Ray Kroc den Konzern in die Höhe brachte und sein Burger-Netzwerk quer über den Globus spannte, gibt es diese eine, mit Abstand raffinierteste und durchschlagendste Strategie von allen:

Die Jagd nach den Herzen der Kinder.

Was heute ein weites Feld für Werbeforscher, Psychologen und Neurologen ist, hatte Kroc überwiegend intuitiv angewandt. Da waren die Spielplätze, die er errichten ließ. Da waren die Gimmicks zum Sammeln, mit denen er die kleinen Gäste sukzessive an die Marke band und von Fast Food abhängig machte. Da war die Idee, Kindergeburtstage zu organisieren. Und da war noch ein ausgeklügelter Schachzug, der vermutlich größte Wurf von allen:

Ronald McDonald.

Kaum ein Kind, das den Clown nicht kennt. Ein groß aufgemaltes Lächeln in Rot, darüber die Nasenspitze. Ebenfalls in Rot. Das Gesicht zur Gänze puderweiß, ausgenommen die vertikal geschminkten Augen und die schwarzen, in weitem Bogen gezogenen Brauen. Perfekt darauf abgestimmt, die knallrote Lockenperücke, das Ganzkörperkostüm, rot-weiß-gestreift, ein ärmelloser gelber Overall mit dem Logo auf der linken Brusttasche, gelbe Handschuhe, rote Halbstiefel mit gelben Schnürsenkeln und schwarzer Sohle.

Der Bekanntheitsgrad Ronalds lag lange Zeit bei annähernd hundert Prozent und ist auch heute fast unverändert groß. Erfunden hatte ihn der Werbeprofi Barry Klein in den 1960er Jahren. Anfangs fiel er nur im Raum Washington durch drei Werbespots auf. Der erste Darsteller, ein Berufsclown, musste einem anderen bekannten Clown als Darsteller weichen. 1966 trat er erstmals bei der jährlichen Macy's Thanksgiving Day Parade in New York auf.

Ray Kroc ließ 1966 erste Werbespots mit ihm drehen. Von da an ging es mit der Popularität steil bergauf.

Später, als Ronald McDonald bereits internationale Berühmtheit und so etwas wie die Ikone des Burger-Giganten war, kamen weitere Figuren hinzu. Keine dieser Figuren erreichte jedoch annähernd so gute Werte wie der Clown Ronald McDonald.

Als erstmals so etwas wie breite Kritik an der Werbeikone aufkam, war es längst zu spät. Ronald war quer über den Globus unauslöschlich in den Köpfen jener verankert, die er früh ködern und hinterher ein Leben lang emotional an *McDonald's* binden sollte. *Die Kinder.*

»Ronald muss weg!«

Als Ärzte begannen, Sturm gegen das Maskottchen zu laufen, war fast ein halbes Jahrhundert uneingeschränkter Ronald McDonald-Herrschaft vergangen. Hunderte besorgte Mediziner in den USA schlossen sich einer Kampagne an, die die Verbraucherorganisation Corporate Accountability International ins Leben gerufen hatte. Sie wollten ein Zeichen gegen die grassierende Fettleibigkeit, vor allem bei Kindern, setzen.

Am Tag vor dem Jahrestreffen der Konzernspitze erschien in allen großen Tageszeitungen der USA ein offener Brief. Kernaussage:

Ronald brauchte eine Pause, und wir auch!

Die Führung meines ehemaligen Arbeitgebers reagierte fast beleidigt. Man gab sich erschüttert, weil Ronald doch nichts anderes sei, als der »Botschafter des Guten, der den Kindern wichtige Botschaften zu den Themen Sicherheit, Bildung und einer ausgewogenen, aktiven Lebensweise überbringt.« In den Happy Meals für die Kleinen stecke außerdem »qualitativ hochwertiges und ausgewogenes Essen«. Die Portionen seien auf den Bedarf von Kindern ausgelegt.

In Europa war Ronald zu dieser Zeit schon wieder aus vielen Filialen verschwunden. Doch der Clown hatte ohnehin längst erreicht, was zu erreichen war.

Gemischte Gefühle erweckt in mir dieser (Werbe-)Schachzug, der jedoch keinesfalls als solcher verstanden werden will, sondern als ausnahmslos karitatives Engagement ohne Eigennutzen für den Konzern:

Die Ronald McDonald Häuser.

Im kleinen Österreich allein gibt es fünf davon. In Deutschland sind es 22 Häuser. Sie befinden sich allesamt in der Nähe von Kinderkliniken, manche auch direkt in Krankenhäusern. Sie werden dann Oasen genannt. Dorthin können sich Familien mit ihren schwer erkrankten Kindern in geräumige Appartements zurückziehen.

Für den Aufenthalt in den Einrichtungen ist nur ein geringer Selbstkostenbetrag zu leisten, der zumeist von der Krankenkasse übernommen wird. Den Rest finanziert *McDonald's* über Fundraising. Ein Teil des Geldes kommt aber auch direkt aus den Erlösen der Filialen.

Immer wieder habe ich mir diese Frage gestellt:

Kann und darf man da
überhaupt dagegen sein?

Nein. Darf man nicht. Weil die Arbeit, die dort für die kranken Kinder geleistet wird, wirklich wunderbar ist. Nur dieser eine bittere Wermutstropfen bleibt natürlich: Das geschieht auch mit Geld, das zuvor auf dem Rücken anderer Kinder verdient worden ist.

Auch Ziel politischer Angriffe war die Ronald-Figur wiederholte Male. In Hongkong waren es Bürgerproteste, weil der Konzern als Symbol westlicher Unterdrückung angesehen wird, sowie wegen der angeblichen Förderung von Kinderarbeit.

In Indien war Ronald eine Zeitlang überhaupt verboten, nachdem Hunderte Hindus Filialen in Mumbai gestürmt hatten, da es geheißen hatte, *McDonald's* würde seine Pommes mit Rindertalg frittieren. In einigen Ländern hat der Burger-Riese auch heute noch Hausverbot.

Sponsoring total: von der Feuerwehr bis Olympia

Der nächste Marketing-Clou, der sowohl die Erwachsenen als auch die Kinder abholt, ist das perfekt ausgeklügelte Sponsoring-System. Sei es draußen auf der Weltbühne, sei es zuhause bei den Menschen im Dorf.

Im Kleinen geschieht das auf unterster, lokaler Ebene. Der Franchisenehmer ist im Idealfall einer aus der Gemeinde, einer, den jeder kennt, der verwurzelt ist, Teil des gesellschaftlichen Lebens. Auf diese Weise ist er nicht der Herr *McDonald's*, den sie uns von irgendwo hereingesetzt haben, sondern der Franz oder Heinz von nebenan, der feine Kerl, der schon gerne einmal etwas springen lässt fürs Dorf.

Die Aufforderung an die Franchisenehmer, genau das zu tun, ist seitens der Konzernleitung bewusst druckvoll. »Sponsere was geht.«, heißt es. Feuerwehr. Sportverein. Ganz egal. Alles, was sich anbietet und sponsern lässt. Irgendwann tritt die Marke hinter das Gesicht des Betreibers zurück, ohne dass der Konzern deshalb in seiner werblichen Präsenz zu kurz kommt. Die Logos werden zwar eingesetzt, aber dezent. Mehr braucht es auch gar nicht.

Das beste Beispiel dazu ist mein Bruder. Auch er war einmal Franchisenehmer und hatte zwei Restaurants. Im Ort nannten sie ihn nur den Schachtelwirt.

Die Taktik lautet: Ich reduziere den
Konzern in seiner scheinbaren Übermacht.
Das Gesicht von McDonald's ist der

Franchisenehmer, den jeder kennt.
Der Nutznießer dahinter der Konzern.

Im Großen, auf der Weltbühne, ist Olympia das Maß der Werbedinge. *McDonald's* mitten im Olympischen Dorf. Seit 1976 sponserte der Konzern Olympia. Ganze 41 Jahre lang. Erst 2017 war damit Schluss.

Welches Signal wird damit ausgesendet? Was geht in den Köpfen junger Menschen vor? Was suggeriere ich, wenn Topsportler, die Besten der Besten, bei Olympischen Spielen oder einer Weltmeisterschaft zu *McDonald's* gehen, vor Fotografen und Kameraleute hintreten und sich einen Burger reinziehen? Dieselbe Art von Burger, von dem Otto Normalverbraucher fett und träge und abhängig wird. Und seine Kinder gleich mit dazu.

Ich sage damit: »Leute, ihr könnt unser Zeug bedenkenlos essen. Alles im grünen Bereich. Ihr müsst euch bloß ein bisschen mehr bewegen. Seht euch den Sportler X an. Die Sportlerin Y. Die zeigen es euch vor. Alles eine Frage der Selbstdisziplin.«

Der kleine, doch feine Unterschied fällt dabei unter den Tisch: Dass, wer täglich zigtausende Kalorien verbrennt, ein Vielfaches des Durchschnittsmenschen, so etwas schon verträgt. Zumindest leichter. Und, dass genau diese Topathleten bestimmt nicht dreimal in der Woche im Burger-Laden stehen.

Besser lässt sich das Prinzip der Täter-Opfer-Umkehr kaum umsetzen.

»Ich könnte den Bildschirm abschlecken«

Das ist die Aussage eines Kindes, das an einer Studie des Cancer Research UK, eines britischen Krebsforschungsinstitutes, teilgenommen hat. Erforscht wurde das Verhalten von Schülerinnen und Schülern im Alter von acht bis zwölf Jahren. Die Kernfrage, die sich das Team stellte, lautete: Wie reagieren Kinder, nachdem sie einen Werbeclip gesehen haben?

Abgesehen von dem einen Schüler, der Bildschirm am liebsten abgeschleckt hätte, bekamen die Experten auch solche Antworten: »Man fühlt sich so glücklich und aufgeregt. Man will die Süßigkeiten probieren, weil der Mann in der Werbung tanzt, weil er sie gegessen hat und sie gut schmecken.«

Auch wenn die Kinder das gar nicht wissen können. Doch es werden Emotionen geweckt und geschürt, die letztlich über dem Geschmack stehen. Der ist oft nur noch zweitrangig. *McDonald's* hat damit Riesenerfolge gefeiert. Etwa mit jenem Claim, an dessen Wirksamkeit der Hauptkonkurrent *Burger King* mit seinen Werbungen niemals heranreichte:

I'm loving it.

Oder wie es in Deutschland hieß, weil dort die englische Variante nicht so gut ankam:

Ich liebe es.

Ähnliches gilt für die Produktplatzierung in Filmen. Kindern aus Niederösterreich (sechs bis elf Jahre) wurden zwei Filme gezeigt. Die eine Gruppe bekam einen Panda zu sehen, der eine bestimmte Sorte Chips isst. Die andere einen Panda, der nichts isst. Nachher gab es für alle eine Packung Chips unterschiedlicher Hersteller zur Auswahl. Doppelt so viele Kinder aus der Gruppe, die den essenden Panda gesehen hatten, entschieden sich für dieselbe Marke wie im Film.

Das mag nun für alle unter Ihnen, die Kinder haben, nicht überraschend erscheinen. Doch wie sieht es mit Antworten auf diese Frage aus, die Forscher der Cornell University of New York und der Ohio State University erforschten:

Springen Kinder nur auf Fast Food so besonders an, oder funktioniert es auch mit gesunden Lebensmitteln, zum Beispiel mit Gemüse?

Wird gesunde Kost mit Zeichentrickfiguren beworben (in diesem Fall waren es sprechende Gemüsehelden mit Superkräften), zeigt sich: Es klappt genauso.

»Im Fernsehen wird die Ernährungspyramide umgekehrt abgebildet«, sagt Jörg Matthes, Vorstand des Instituts für Publizistik- und Kommunikationswissenschaften an der Universität Wien. Egal ob Werbung oder Film. Filmhelden essen zumeist vor der Kamera genau das, was wir im echten Leben möglichst selten essen sollten: fettige, ungesunde, zuckerreiche Kost.

Kommen Werbeverbote für Junkfood?

In Großbritannien, dem hauptbetroffenen europäischen Land in punkto Adipositas, gibt es so ein Verbot bereits. Sowohl während, als auch unmittelbar nach dem Kinderprogramm dürfen im Fernsehen keinerlei minderwertige Lebensmittel beworben werden. Krebsexperten geht das noch nicht weit genug, sie fordern eine Ausweitung des Verbots auf das Familienprogramm: Also wenigstens bis 21 Uhr.

Kaum ein anderes EU-Land kennt so eine Regelung. Deutschland nicht. Österreich auch nicht. Hierzulande ist es so: Es gibt lediglich eine sogenannte freiwillige Selbstbeschränkung von ORF und Privatsendern. Die ist gleich in mehrerer Hinsicht zahnlos.

1. Betroffen sind bloß Lebensmittel, deren »übermäßige Aufnahme im Rahmen der Gesamternährung nicht empfohlen wird.« Das bedeutet: Diese als ungesund eingestuften Produkte dürfen nur dann nicht im Kinderprogramm beworben werden, wenn sie einen Zusammenhang zu schulischem Erfolg herstellen. Oder zu sozialem Erfolg. Wie das im Detail aussehen soll, ist nicht definiert.
2. Für die Überprüfung dieser freiwilligen Selbstbeschränkung fühlt sich niemand zuständig. Auch nicht der Österreichische Werberat. Darum wird nicht überprüft.

Was bleibt, wenn seitens der Politik nichts zu erwarten ist?

Einmal mehr das Engagement auf Bürgerebene. Werbeforscher Jörg Matthes empfiehlt jedenfalls, mit Kindern den manipulativen Einfluss von Werbung altersgerecht zu besprechen. Schwierig wird es jedoch beim Product Placement in Filmen. Dort, so Matthes, verpufften die meisten Gespräche ohne Erfolg.

Die Art und Weise der Platzierung ist einfach zu subtil.

Was zu tun ist
(weil es nie zu spät sein darf)

Essen & Trinken wie aus dem Feuerwehrschlauch?

Ein Feuerwehrschlauch?

Ich weiß, dieser Vergleich klingt aufs erste Hinsehen einigermaßen drastisch. Doch letzten Endes entspricht es exakt dem, was wir seit Jahrzehnten tun: Wir schießen uns meist wertlose Nahrung in den Körper. Mit Hochdruck und im Überfluss. Wir löschen die künstlich geschürte, längst blinde menschliche Konsumationsgier wie aus einem Feuerwehrschlauch, den wir uns in den weit aufgerissenen Mund schieben.

Dabei täte es der Halb-Zoll-Gartenschlauch ebenso.

Natürlich, diesen Feuerwehrschlauch setzen wir uns schon selbst an. Am anderen Ende der Leitung jedoch, an der Pumpe, stehen die Industrien, eine perfekt geölte, ineinandergreifende Maschinerie, die über den Inhalt des Schlauches ebenso bestimmt, wie über den Druck in der Leitung. Ein ausgeklügeltes, erprobtes System globaler Manipulation macht's möglich, von High-Tech-Ernährung über politische Einflussnahme bis zur Werbung.

Junkfood bringt uns auf Dauer an die Klippe des Überlebens. Weil wir immer in dieselbe Richtung marschieren. Bis zum Abgrund. Wir blicken über den Rand, wir sehen die Gefahr. Und doch tun wir den nächsten Schritt. Medizin und Pharmaindustrie werden es schon richten. Der Vergleich mit den Lemmingen, über die wir so gerne lachen, drängt sich auf.

Bei den Recherchen zu diesem Buch, beim Sinnieren über meine Motive, es nach dreizehn Jahren im Management eines Fast-Food-Giganten so und nicht anders zu schreiben, kam mir eines Tages auf der Autobahn dieser Gedanke:

Unser Junkfood-Wahn, das ist doch wie …
ja, das ist wie eine einzige,
riesengroße Party.

Ich bin zuhause, lade Freunde ein. Partytime. Spontan. Von Minute zu Minute wird es lustiger. Irgendwann heißt es nur noch: Vollgas. Die Boxen dröhnen, dass es den Nachbarn die Ohren sprengt. Spaßfaktor total. Wie unter Drogen. Noch dazu ist meine Frau auf Freundinnen-Urlaub. Bei mir herrscht Mega-Feierlaune. Der Alkohol fließt in Strömen. Wir sind in absoluter Hochstimmung.

Werfe ich mir Junkfood ein, verhält es sich ganz ähnlich. Auch da herrscht in meinem Körper Hochstimmung pur. Dank der vielen Drogen, die ich ihm zuführe. Vom Zucker über die Salze. Wir haben es gehört.

Am frühen Morgen, die Party ist bereits im Ausklingen, ruft meine Schwiegermutter an. Der Party-Crasher schlechthin. Sie droht mit ihrem Überraschungsbesuch, will nach dem Rechten sehen, weil sie so eine böse Vorahnung hat. Bei mir zuhause sieht es tatsächlich aus wie nach einem Bombenangriff. Hektik bricht aus. Ich muss in der Sekunde aufräumen, damit sie dieses Schlachtfeld nicht zu Gesicht bekommt. Bloß nicht!

Eine halbe Stunde Zeit? Das reicht gerade, um das dreckige Geschirr und die vielen Gläser in irgendwelche Küchenkästchen zu schieben. Die sonstige Unordnung landet in Bausch und Bogen im Schlafzimmerkasten. Oder in der Bettzeuglade der Besuchercouch im Wohnzimmer. Hauptsache aus den Augen. Weil damit auch aus dem Sinn.

Und der Körper? Wie geht der mit der Party und ihrem Ende um?

Mein Körper räumt auf seine Weise auf. Anstelle des geschockten Hausherrn wirft sich die Bauchspeicheldrüse kräftig ins Zeug, um für Ordnung zu sorgen. Der ganze Dreck muss raus aus dem Blut. Insbesondere der viele Zucker. Also lautet der Befehl: »Insulin Marsch!« Am besten in großen Mengen. Wie aus dem Feuerwehrschlauch. Schließlich weiß der Körper es am besten: Explodierende Zuckerwerte sind genauso schlecht wie viel zu niedrige.

Insulin ist ein Rezeptoren-Hormon. Es dockt an die Zellen an und sperrt sie auf, damit der Zucker hineinkann. Wie ein Schlüssel. Ein perfektes System, damit sich der Zucker aus dem Blut verabschiedet.

Irgendwann jedoch sind die gewöhnlichen Muskelzellen voll mit Zucker. So wie meine Küchenkästchen mit dreckigen Gläsern und Tellern. Kein Problem. Wir können ausweichen. Plan B. Wir haben ja noch die Fettzellen (Bettzeuglade). Die sollen den Rest des Zuckers aufnehmen.

Die Fettzellen machen das auch. Sie füllen sich an. Sind sie voll, tritt Plan C in Kraft. Der Sondercontainer wird aktiviert: die Leber (meine Bettzeuglade im Wohnzimmer).

So wie ich durch die ganze Wohnung fege, bis ich völlig außer Atem bin, ist auch das Insulin unterwegs. Die schnelle

Eingreiftruppe für den Notfall, der einmal Schwiegermutter und ein anderes Mal Überzuckerung heißt.

Dass der ganze Dreck aber nicht einfach verschwunden, sondern bloß verlagert worden ist, stört mich, den Party-König, nicht. Fürs Erste jedenfalls. Die Leber sieht das ähnlich und macht ebenfalls eine Zeitlang mit. Wenn aber auch ihre Kapazitäten erreicht sind, heißt sie plötzlich nicht mehr bloß Leber, sondern:

Fettleber.

Diese Diagnose war früher fast nur Alkoholikern vorbehalten. Heute ist sie in alarmierenden Ausmaßen schon bei Kindern im Vorschulalter ein Krankheitsbild.

Wie geht es weiter?

Habe ich alle Kästen mit den Party-Resten bis obenhin angefüllt, und steht dann immer noch etwas herum, sobald die Schwiegermutter anklopft, gibt es Riesenärger. Der Schweinestall ist nicht zu verbergen. Das Problem: Die Wohnung gehört ihr. Sie droht mit dem Rauswurf.

Im Körper ist die Läge ähnlich prekär. Der Putztrupp Insulin hat nämlich vor Erschöpfung die Segel gestrichen. Die Fettleber mag nicht mehr, der Sondercontainer platzt schon aus allen Nähten. Und die Bauchspeicheldrüse ächzt: »Sorry. Ich geb's auf. Auch ich bin am Ende meiner Kräfte. Ich kann kein Insulin mehr produzieren.«

Irgendwie muss das Zeug aber weg. Also wird Insulin gespritzt.

So, dachte ich bei mir, könnte man das auch seinen Enkelkindern erklären. Was passiert, wenn wir ständig zu viel

Zucker zu uns nehmen. Durch das viele Fast Food. Vielleicht lässt sich der Vergleich ja auch ohne die Schwiegermutter anstellen.

Oder wir sagen es auf diese Weise:

Die ersten 60 Minuten nach einem Burger

Ganze 51 Jahre ist das Schwergewicht von *McDonald's* bereits alt: der Big Mac. Der erste Doppelstock-Cheeseburger kam 1968 auf den Markt. Wenn wir ihn uns vor unser geistiges Auge holen, dann stellt er sich, Schicht für Schicht und von unten nach oben, so dar:

- Der Boden: ein Weichbrötchen, auch Bun genannt.
- Die Big-Mac-Sauce (zehn Milliliter): eine Variation des Thousand-Island-Dressing, einer klassischen Salatsauce in den USA, die auf Mayonnaise, Paprika, Paprikapulver und einer Chilisauce basiert. In Abwandlungen auch mit gehackten Gemüseteilen, Zwiebeln, Oliven, Eiern et cetera.
- Zwiebelwürfel: 3,5 Gramm, hergestellt aus zuerst gefriergetrockneten und dann rehydrierten Zwiebelflocken
- Eisbergsalat: in Streifen geschnitten (12,5 Gramm)
- Käse: eine Scheibe Cheddar-Schmelzkäse
- Das Fleisch: eine Scheibe Rinderfaschiertes, genannt: Beef Patty (45,36 Gramm)
- Mittelteil des Brötchens

- Sauce: wie gehabt (sie wird übrigens aus kalibrierten Kartuschen von Hand in den Burger gepresst. Kalibriert, damit jeder Big Mac die idente Menge abbekommt)
- Zwiebel: wie gehabt
- Salat: wie gehabt
- Salzgurken: in Scheiben
- Fleisch: wie gehabt
- Der Deckel: ein Bun, bestreut mit Sesamsaat.

Nährwert laut offiziellen *McDonald's*-Angaben bei einem Gesamtgewicht von 217 Gramm:

- 503 Kilokalorien (2.106 KJ)
- 42 Gamm Kohlenhydrate
- 25 Gramm Fett
- 9,7 Gramm gesättigte Fettsäuren
- 8,5 Gramm Zucker
- 3,1 Gramm Ballaststoffe
- 26 Gramm Eiweiß
- 2,2 Gramm Salz

Dann, in einem Zusatzfenster, findet sich dieser Vermerk:

> *Die Prozentangaben beziehen sich auf die Referenzmenge für einen durchschnittlichen Erwachsenen (8400 kJ/2000kcal). Die Nährwertinformationen auf dieser Website sind von Analysen in akkreditierten Labors abgeleitet, basieren auf Standardrezepturen und Standardportionsgrößen der Produkte. Unterschiede in Porti-*

onsgröße, Herstellungstechnologie und Quellen von Zutaten können die Angaben zu den einzelnen Produkten genauso beeinflussen wie regionale und saisonale Unterschiede. Produkt- oder Rezepturänderungen sind möglich und werden in regelmäßigen Abständen eingearbeitet. Die Auflistung der Angaben gibt den derzeitigen Status wieder und kann sich von gedrucktem Material unterschieden. Alle Informationen sind zum Zeitpunkt der Veröffentlichung korrekt. Die Angaben können ohne Bekanntgabe geändert werden. Es kann keine Garantie für eine 100-prozentige Vollständigkeit der Angaben übernommen werden. Irrtümer vorbehalten. Nicht alle angegebenen Produkte sind in allen Restaurants erhältlich. Einige Produkte enthalten Zutaten tierischen Ursprungs.

Ein US-amerikanisches Vergleichsportal für Fast-Food-Preise hat sich folgende Frage[10] gestellt: Was passiert innerhalb der ersten 60 Minuten in unserem Körper, nachdem wir einen Big Mac verzehren?

Das Ergebnis las sich sinngemäß so:

Die ersten 10 Minuten – das Belohnungszentrum springt an: Weil Nahrung in der Evolution des Menschen zumeist Mangelware war, belohnte das Gehirn besonders hochkalorische Kost. Das hat sich bis heute gehalten. Neurotransmitter werden ausgeschüttet, Dopamin. Das löst ein Glücksgefühl aus. Wie bei verbotenen Drogen auch.

---

10 https://fastfoodmenuprice.com/big-mac-revealed/

Nach 20 Minuten – der Angriff des Zuckers: Das Brötchen eines Big Mac ist voll mit Maissirup. Ebenso mit Natrium. Der Suchtfaktor macht sich allmählich bemerkbar, im Körper entsteht das Verlangen nach mehr.

Nach 30 Minuten – die Salzattacke: 970 Milligramm Natriumsalz befinden sich in einem Big Mac. Natrium gelangt vorwiegend in Form von Kochsalz in den menschlichen Körper. Hohe Natrium-Aufnahme lässt den Blutdruck steigen, führt auch zu langfristigem Bluthochdruck. Von Naturvölkern weiß man, dass sie weniger als die Hälfte dessen an Natrium zu sich nehmen wie die »zivilisierte Welt«). – Das viele Natrium dehydriert den Körper . Fazit: Wir wollen den Mangel an Flüssigkeit ausgleichen. Cola oder Milchshake bieten sich verführerisch an. Nicht nur das Herz hat mit dem vielen Natrium seine Not. Auch die Nieren leiden.

Nach 40 Minuten – der Körper verlangt nach mehr: Weil der Hunger wiederkehrt. Der Verdauungstrakt hat den Maissirup absorbiert. Der Zuckerspiegel ist gehörig durcheinander. Die Insulinausschüttung läuft auf Hochtouren. Der Körper sagt: Füttere mich!

Nach 60 Minuten – die schleppende Verdauung: Üblicherweise schafft es der Körper, Fett innerhalb von zwei Tagen zu verdauen. Nährstoffwertiges Essen wird in einem bis drei Tagen verdaut, je nachdem. Ein Big Mac und andere seiner Liga enthalten allerdings Transfettsäuren. Bis die restlos abgebaut sind, können im Extremfall bis zu 51 Tage verstreichen. Mehr als sieben Wochen.

Die Regenerationsfähigkeit des menschlichen Organismus ist erstaunlich. So zäh wie wir ist kaum ein Wesen. Irgendwann ist allerdings auch bei uns Schluss. In der Fachwelt gibt es den sogenannten glykämischen Index. Der besagt im Wesentlichen nichts anderes, als in welcher Geschwindigkeit Kohlenhydrate in Zucker umgewandelt werden.

Stopfen wir wertloses Zeug in uns hinein, geht diese Umwandlung sehr schnell. Der Insulinspiegel steigt rasant an. Bei Vollkornkost beispielsweise dauert der Prozess wesentlich länger. Mit zum Beispiel diesen beiden nachhaltigen Effekten:

- Das Sättigungsgefühl hält länger an
- Die Bauchspeicheldrüse muss nicht wie verrückt produzieren und gibt auch nicht so schnell den Geist auf

Mit der richtigen Ernährung könnten wir, sagen Schätzungen, achtzig Prozent aller sogenannten Zivilisationskrankheiten verhindern. Auch die allerjüngsten Forschungen zum Thema Mikrobiom, unserer Darmflora also, weisen in diese Richtung. Wir erkennen erst allmählich, wie intensiv unsere beiden Gehirne im Körper, das eine zwischen den Ohren und das andere im Darm, miteinander kommunizieren.

Das Wort allein ist schon irreführend: Zivilisationskrankheiten. Immerhin steht Zivilisation für Weiterentwicklung.

Für Fortschritt. Für Verbesserung von Lebensbedingungen. Für einen vernünftigen Umgang mit Ressourcen.

Zivilisationskrankheiten jedoch sind das Resultat des genauen Gegenteils von Vernunft, Fortschritt und schonendem Ressourcengebrauch. Sie sind ein Zeichen des gesellschaftlichen Niedergangs.

Überhaupt, sollten wir nicht auch in anderen Bereichen unsere Terminologie ändern?

Warum heißt es immer noch alternative Medizin und Schulmedizin? Stellt nicht das Wort alternativ diese Richtung schon in ein Eck? Sollte es, mit Blick auf die milliardenschweren Pharmakonzerne, die uns mit Unmengen synthetischer Mittel vollpumpen, Naturmedizin und Pharmamedizin heißen?

Warum Bio-Landwirtschaft? Warum nicht Landwirtschaft und chemische Landwirtschaft?

Ob es unsere Sprachbilder sind, oder unsere Bereitschaft, nicht länger wahllos Nahrung wie aus dem Feuerwehrschlauch in uns hineinzupumpen ... all das erfordert den Willen zum Umdenken und zur Disziplin. Auf die Vernunft der Konzerne zu bauen, ist verlorene Hoffnung. Auf Kraft und Vorsatz der Politik zu setzen, ein gefährliches Spiel. Lenken können wir es letzten Endes nur selbst.

Hilft das Anti-Zucker-Gesetz?

Es scheint sie ja doch zu geben, die Lenkungseffekte vonseiten der Politik. Im April 2018 wurde unter großer medialer Begleitmusik in Großbritannien eine Zuckersteuer auf Softdrinks eingeführt. Immerhin sind die Menschen auf der Insel europaweit am schlimmsten von der globalen Adipositas-Pandemie betroffen.

Diese Steuer sieht in den Eckpunkten vor:

- Enthält ein Getränk mehr als fünf Gramm Zucker pro 100 Milliliter, werden 18 Pence (circa 20 Euro-Cent) Steuer pro Liter fällig
- Enthält ein Getränk mehr als acht Gramm Zucker pro 100 Milliliter, werden 24 Pence (circa 27 Euro-Cent) Steuer pro Liter fällig

Die zusätzlichen Steuereinnahmen sollten zweckgebunden sein, das bedeutet: Sie würden in die Förderung von Schulsport und gesündere Schulmahlzeiten fließen. Der Staat rechnete mit rund 520 Millionen Pfund (fast 600 Millionen Euro).

Wie haben die Konzerne reagiert?

Da die Diskussion rund um die Steuer schon zwei Jahre zuvor losgetreten worden war, hatten die Konzerne ausreichend Zeit, sich vorzubereiten. *Coca-Cola* beispielsweise drückte den Zuckergehalt in Marken wie Fanta und Sprite auf ein steuerfreies Niveau. Unter fünf Gramm pro 100 Milliliter also. Beim Klassiker, dem guten alten Coke allerdings, blieb alles beim Alten. An der Rezeptur der Zuckerbombe wurde nicht gerührt. Umfragen hätten ergeben:

Die Kunden wollen das so.

Die Steuer ist als Herstellerabgabe gedacht. Bezahlt wird sie vom Kunden. *Coca-Cola* zum Beispiel erhöhte den Preis für eine Flasche um 20 Pence und reduzierte zugleich die Flaschengröße. Von 1,75 auf 1,5 Liter.

Bei anderen Konzernen lief es ähnlich. Die allermeisten brachten den Zuckergehalt unter die geforderten fünf Gramm. Das sieht nach einem Riesenerfolg für die Politik aus. Doch der Zuckermangel wurde durch künstlichen Süßstoff ausgeglichen. Weil das Geschmackserlebnis bekanntlich oberstes Gebot ist. Was der vermehrte Einsatz von Aspartam und Co. bedeutet oder bedeuten kann für die Gesundheit der Menschen, wissen wir. Ein Nebeneffekt war auch, dass die kalkulierten Steuereinnahmen für den englischen Staat bedeutend geringer ausfielen als erhofft.

Ähnliche Regelungen wie auf der Insel gibt es in einigen anderen Ländern auch. Mexiko hat sich dem Kampf gegen Fettleibigkeit ebenfalls durch ein Anti-Zucker-Gesetz verschrieben. Der Konsum stark gezuckerter Getränke ging im Jahr nach der Einführung um zehn Prozent zurück. Die Menschen tranken stattdessen mehr Wasser. Gleich um sechzehn Prozent mehr. Bei Menschen mit sozial sehr schwachem Status ging der Konsum von Softdrinks aufgrund der Teuerung sogar noch stärker zurück.

Österreich und Deutschland hinken in Sachen Zuckersteuer hinterher. Nicht so ein Staat, wo man politische Maßnahmen zugunsten der Bevölkerung nicht sofort vermuten würde: Ungarn.

In Ungarn tranken die Menschen ebenfalls im Jahr nach der Einführung um fast zwei Drittel mehr Wasser (63 Prozent), dafür um ein Fünftel (21 Prozent) weniger Zuckerdrinks.

Warum sind viele Länder zurückhaltend mit so einem Gesetz? Ist die Zuckersteuer nicht das Mittel schlechthin gegen Adipositas und seine Folgekrankheiten?

Ja und nein.

Nein, die Zuckersteuer hilft nicht ...

... weil die Menschen deshalb nicht automatisch abnehmen. Zur Erklärung noch einmal die Situation in Mexiko: Zwar ging der Softdrink-Verbrauch merklich zurück, nicht jedoch die Kalorienaufnahme. Mexiko hatte nämlich zusätzlich zur Zuckersteuer auf Softdrinks eine gleichermaßen gutgemeinte Fast-Food-Steuer eingeführt.

Die hatte allerdings zur Folge, dass die Menschen nun lieber zu billig hergestellten Produkten griffen, die nicht von der Fast-Food-Abgabe betroffen waren, obwohl sie schlechtere Nährwerte hatten als Essen, das teurer geworden war, weil es sehr wohl von der Steuer betroffen war.

Ja, die Zuckersteuer hilft ...

... weil diese Art von Lenkungseffekt eine echte Investition in die Zukunft ist.

Kinder und Jugendliche bilden ihren Geschmack erst aus. Sie sind zugleich auch die Hauptzielgruppe der Konzerne. Darum macht eine Steuer gerade für sie Sinn. Ein positiver Effekt, der ein Leben lang anhalten kann.

Wie ist das nun mit der Droge Fast Food? Mit all den negativen Folgen, die damit in Verbindung gebracht werden, weil uns die permanente Übersättigung durch ein Viel-zu-Viel an wertlosem Zeugs krank macht? Und: Wie ist das nun mit dieser anderen Übersättigung, an der wir auch leiden? Jener, dass wir das alles schon gar nicht mehr hören können und wollen?

Wie ist das, wenn jemand so daherkommt?

Klimawandel? Verschon mich mit dieser leidigen Debatte. Wer weiß, was daran stimmt. Regenwälder? Weit weg. Umweltschutz? Grün? Bloß nicht. Überfischung der Meere? Tja. Schade auch, ich wohne im Gebirge. Massentierhaltung? Was kümmern mich Hühner und Schweine und Rinder?

Sollten Sie jemanden kennen, der so denkt, ist dennoch nicht Hopfen und Malz verloren. Weil es ein Argument gibt, das immer zieht.

Tu es doch um deiner selbst willen. Für dein eigenes, ganz persönliches Wohl. Für nichts sonst.

Das klingt egoistischer, als es ist. Tun wir es für uns selbst, denken wir ausschließlich im Interesse der eigenen Gesundheit um, allein, weil wir länger und zum Ende hin qualitativer leben wollen, so ist damit doch enorm viel gewonnen.

Weil die Erkenntnis des Einzelnen es am Ende auch für die Gesamtheit richtet. Weil die anderen Effekte sich nach und nach ganz von selber einstellen. Vom Klima über die Viehzucht bis zur Landwirtschaft. Weil wir allein es mit unserer täglich neuen Kaufentscheidung bestimmen. Ein besserer Lenkungseffekt ist kaum denkbar.

Der italienische Schriftsteller und Politiker Alberto Moravia sagte einmal: »Vernunft – das ist so etwas wie ansteckende Gesundheit.«

Alte, festgetretene Pfade zu verlassen und neue Wege in eine völlig andere, noch unbekannte Richtung einzuschlagen, ist auch eine Form dieser ansteckenden Gesundheit. Ich selbst habe viele Jahre gebraucht, meinen sicher scheinenden Pfad zu verlassen, um in die Gegenrichtung zu marschieren. Dafür darf es nie zu spät sein, und ich habe seither nicht einen Tag bereut.

In diesem Sinne:

Geht nicht hin! Nicht zu McDonald's. Nicht zu Burger King. Nicht zu den anderen Fast-Food-Riesen. Schon gar nicht mit euren Kindern. Nicht einmal ausnahmsweise.

Ihr
Harald Sükar

Dr. Slaven Stekovic
DER JUNG ZELLEN EFFEKT
Wie wir die Regenerationskraft unseres Organismus aktivieren
edition a

Slaven Stekovic

Der Jungzelleneffekt

Wie wir die Regenerationskraft unseres Organismus aktivieren

Beim Fasten reinigen sich unsere Körperzellen selbst, was uns jung und gesund hält. Doch wer Fasten anstrengend findet, kann den gleichen Effekt laut neuen Forschungsergebnissen auch durch Essen bestimmter Lebensmittel erzielen. Der Molekularbiologe Slaven Stekovic verrät, warum das so ist und welche Lebensmittel das sind.

ISBN 978-3-99001-264-2
224 Seiten, EUR 19,95